ERTONG
SHICHANG
JUEJIN
YINQING

市场掘金引擎丛书

儿童市场掘金引擎

李野新 著

ERTONG SHICHANG JUEJIN YINQING

图书在版编目（CIP）数据

儿童市场掘金引擎/李野新著.—深圳：海天出版社，
2008.5
(市场掘金引擎丛书)
ISBN 978-7-80747-144-8

Ⅰ.儿… Ⅱ.李… Ⅲ.市场营销学—Ⅳ.F713.50

中国版本图书馆CIP数据核字(2007)第184427号

海天出版社
(深圳市彩田南路海天大厦518033)
http://www.htph.com.cn
责任编辑：陈　炯（cj333@21cn.com)
廖　译（jlly359@yahoo.com.cn)
责任技编：钟愉琼　封面设计：熊辉

邮购电话:0755-83460397
深圳市鹰达印刷包装有限公司印刷　海天出版社经销
2008年5月第1版 2008年5月第1次印刷
开本:787mm×1092mm　1/16　印张:11.25
字数:200千　印数:1-6000册
总定价:110.00元(共5册,本册22.00元)

掘金儿童市场 商机财富无限

（代序言）

因为有了儿童，花草馥郁的清香才如此轻柔地畅流；因为有了儿童，夏虫清脆的鸣唱才如此强烈地撩拨您的心；因为有了儿童，世界才如此灿烂地展开乳黄色的披风涵容我们！

儿童是希望，儿童是未来，儿童是小皇帝，儿童是小公主。

中国的儿童数量是全世界最多的。中国儿童市场正在成为世界上最令人兴奋的市场。国家统计局的数字表明，目前我国18岁以下的人口有3.67亿，其中14岁以下的儿童少年超过2.6亿人，占人口总数的20%。尽管相对于72%的成人消费者来讲，儿童市场仅占28%。但是儿童市场消费较成人市场消费来说更加具有消费潜力。

当前中国大部分的家庭结构是“4-2-1”的模式，即四个祖父母——父亲+母亲——一个小孩。在这种家庭结构中，独生子女得到了更多的关怀，在抚养子女方面的支出越来越高。同时中国儿童的零花钱越来越多，他们4岁就已经有了自己的收入，8岁开始就可以独立购物。而且他们的自主消费、个性消费观念越来越强，甚至能影响到家庭的消费决策。更重要的一点是，他们还是未来的消费者。当他们成为成年顾客之后，对商业的影响将会更加深远。

从历史上看，从来就没有任何一个时代的儿童能像今天这样对社会和经济影响如此巨大。据统计，仅北美就有1150亿美元的儿童消费品市场，而在中国，儿童消费市场也在蓬勃地扩张，远远超过成人消费品市场的增长速度。

中国儿童作为直接消费者市场、影响者市场和未来市场的多重角色，市场蕴含着巨大的投资创富商机，特别是随着儿童市场的需求而新出现的商机尚未被大众投资者所了解，还处于开发阶段或市场空白阶段，把他们展示出来，无疑是为在市场经济角逐中已经身心疲惫的商家提供了又一片希望的沃土。

营销是一种社会过程，消费者和营销者在这种过程中形成了一种互惠关系，如果任何一方不能从中感到充分满意的话，营销错误便产生了，这种互惠关系也就不会再继续了。儿童营销有别于成人营销。儿童消费者的满意是在符合社会责任的前提下，对需要和欲望的满足。而营销者的满意则包括诸如儿童市场份额、收入、利润以及投资回报这样的经济目标的满足。

满足企业和儿童消费者的需要是营销者的责任。然而，要实现这种责任是一项艰巨的任务，因为儿童是处在训练过程中的消费者；要使儿童消费者满意，他们经常需要更多的帮助和服务；除了满足孩子的需要之外，儿童营销者还必须经常满足其父母的需要。正是这些方面的原因，加大了营销者满足儿童和公司目标的难度，更导致了对儿童营销的种种误解。比如，父母可能误解或不赞成专为孩子设计的广告信息，这就需要在不同的媒体上，对父母和孩子传达不同的信息，这显然要增加企业的营销成本，并加大达到公司目标的难度。

《儿童市场掘金引擎》深刻分析了孩子的社会环境和消费心理机制，全面解读了当今儿童市场的现状和发展趋势，深入剖析了与儿童密切相关的儿童食品市场、儿童玩具市场、儿童眼镜市场、儿童教育市场、儿童服装市场、儿童读物市场、儿童药品市场、儿童化妆品市场、儿童保健食品市场、儿童家具市场、儿童家电市场以及一些儿童特色市场的市场特征和投资模型，并结合目前儿童市场领先企业的成功市场经验提炼出儿童市场掘金方略，包括投资方略、产品方略、价格方略、服务方略、传播方略和促销方略等，对儿童消费品生产商和关注未来消费趋势的企业家、儿童经济研究者都具有很高的参考价值，是寻求商机创业投资者的掘金引擎和市场营销人员破解营销困局的市场引擎。

本书适合于寻找商机的投资创业者，为儿童生活、娱乐、学习提供相应产品或服务的商家的中高层决策人员、总部营销管理人员、区域市场营销服务人员，咨询、培训、策划、广告等从业人员及学术研究人员进行研读和学习。

《儿童市场掘金引擎》是一部探索式的作品，目的在于抛砖引玉，与营销界同仁们针对儿童市场商机，共同探讨掘金之路。本书在编著过程中，参阅了大量的资料，尤其是深入研读了目前正活跃在业内的营销专家的观点文章，我们在书后均给予了标注，在此向所有参阅及引用资料的原著者致以诚挚的感谢。限于时间、篇幅等原因，这里的致谢难免挂一漏万，如有遗漏，敬请见谅。

我们深知，儿童市场营销在今天所面临的诸多机会与挑战，无论从广度还是深度上来考量，其复杂与挑战程度都远远超出了我们的想象，而本书涵盖的内容也只能是沧海之一粟，许多课题还有待进一步深化。同时由于编著时间和编著水平有限，同时儿童市场营销实践与理念还在不断演绎进行当中，本书存在疏漏与谬误在所难免。有鉴于此，我们衷心企盼各位营销专家与精英能够不吝批评指正，与我们一起携手，不断充实、完善本书，以便再版时进行修订。

目 录

第一篇 儿童市场潜力解读

第二篇 儿童消费特征解析

第三篇　儿童市场商机引擎

第四篇 儿童市场掘金方略

第一篇

儿童市场潜力解读

第一章：儿童市场潜力巨大

目前我国的家庭消费正在快速增长，大多数城市家庭消费的增长率更是达到了两位数。虽然我国实行了严格的计划生育政策，一个家庭只能生一个孩子，但每年还是有大约3000万婴儿出生——这几乎相当于加拿大的总人口数。中国是世界上儿童最多的国家。因此，我们有理由相信，在经济发展的前提下，中国将成为世界上最大的儿童市场。中国儿童市场的潜力在2010年将会和美国儿童市场一样大。

一、儿童三合一市场角色

儿童不是简单的消费者，也不仅仅只是一个消费市场，而是合三为一的消费市场。这个概念最早是由美国儿童市场营销专家麦克尼尔提出的，并且这些年也被不断地证实着。儿童可以从父母那里得到属于自己的零花钱和其他收入，儿童用自己的钱去购买自己喜欢的东西，他们把钱花在了很多商品上，而不仅仅用来买糖果，这便形成了儿童作为直接消费者的市场；第二个市场是儿童作为影响者的市场，儿童根据他们自己的需要，在不断地影响着父母的购买行为，而这种作为影响者的市场增长并不比直接消费者市场慢。当然，如果父母不愿意的话，孩子是不能影响他们的购买行为的，但实际上，父母一直都允许这种影响的存在。成人的许多消费观念、态度、习惯都是开始于儿童时期的。大量的消费者行为研究已经表明，很多儿童的消费观念对他们成人之后的消费意识和行为有着直接的影响。比如说他们对广告的态度，对品牌、对商店的忠诚度，还有他们的购买习惯等等，很多孩子的品牌忠诚度竟然在他们两周岁的时候就开始有萌芽了。这就是儿童的第三个市场即儿童作为未来消费者的市场，也就是说从儿童成长为成人，变为拥有一定经济实力的消费者的时候，他们就构成了一个具有非常强大的消费市场。儿童的这三个市场在进行市场营销和宣传时都应给予充分的重视。综合考虑这些因素，我们可以看出，儿童市场比其他任何细分市场都更有发展潜力。

二、儿童消费者形成原因

1. 儿童收入

我国儿童平均从4岁开始就会有一定的收入了，并且他们的收入在读小学期间是递增的。通常他们有两种重要的收入类型：常规收入和特殊收入。

常规收入的来源主要有三种形式：

①父母给的零花钱收入

父母给的零花钱是儿童最主要的收入来源，零花钱大约占有常规收入的40%，各个年龄段的孩子都会得到零花钱，只是金额不等而已，具体的金额数量通常和孩子要父母为其购买的商品种类、商品数量有一定关系。

②父母给的补贴收入

补贴是孩子们的第二大收入来源，它平均占常规收入的32%。这种补贴是父母定期给孩子的钱，比如有的家长会以天为单位或以周为单位，给孩子固定金额的补贴，这些补贴和零花钱不一样，因为零花钱通常是在孩子向父母索要商品时父母给的，而补贴是没有什么附加条件的，可能是准备让孩子在渴了的时候买水，饿了的时候买小食品，甚至可能根本就没有目的，只是觉得孩子身上有一些钱，可以随时应付突发事件，这样家长心里才会放心而已。

③自己挣的钱收入

在常规收入中，大约有6%是孩子自己挣的钱。有人可能会疑惑孩子怎么可能自己挣钱。其实在现阶段的家庭中，父母除了给予孩子更多的物质关怀外，更关心孩子的生存本领、自立能力，所以会让孩子帮着做一些力所能及的家务活，为了使孩子的积极性更强，同时培养孩子对货币交换的认识，很多家长都会支付孩子一定的劳动报酬。比如洗一次碗××元，扫一次地××元，当然因做家务活儿挣钱的主要是那些大一点的孩子。

特殊收入的来源主要有四种形式：

①节日红包收入

根据中国的风俗传统，每逢在元旦、儿童节、端午节、中秋节、国庆节、圣诞节和春节等这些节日里，孩子们都会从父母和其他长辈那里收到一些红包，孩子在过春节的那两个星期所收到的红包，是他们一年里所有节日当中获得的最大红包收入。家长一般不会将其他亲属给孩子的红包拿走使用，通常会让孩子自己存起来，培养他们的储蓄、理财习惯。

②生日红包收入

在孩子过生日的时候，同样也会收到父母和其他家人的红包，生日红包是继春节红包之后的第二大收入。

③不定期红包收入

我国好多家长在鼓励孩子学习上愿意采用红包激励的方式，这其实是一种不被提倡的教育方式，但事实上却存在于许多家庭之中。

④长辈不定期的红包收入

这里的长辈主要是指孩子的爷爷奶奶和姥姥姥爷。尤其是长辈不和孩子们在一起生活的情况下，他们都会不定期的给孩子一些钱，有时甚至不会让孩子的父母知道。

一般来说，所有的孩子都会有常规收入和特殊收入，但那些年龄较小的孩子获得常规收入的可能性却比较小。例如，在4岁的孩子中，只有21%的人有常规收入。有常规收入的孩子所占的比例在9岁之前稳定增长，并且在9岁时，几乎所有的孩子都会有常规收入。男孩和女孩的常规收入是相同的。特殊收入是随着年龄的增加而递减的，比如，4岁孩子的总收入中的70%是特殊收入，而12岁孩子的总收入中则有50%是特殊收入。

2. 储蓄习惯

我国文化对孩子的影响很大。比如，我国文化对儿童储蓄的影响就比较大。许多父母希望孩子能存下绝大多数的特殊收入，储蓄的意识使得孩子不会在一时冲动之下把钱花完，储蓄能让孩子在以后买得起那些相对价格较贵的商品，储蓄还能提高他们的尊严以及安全感和满足感。我国儿童都会储蓄，他们的储蓄占到总收入的60%以上。由于特殊收入在年龄比较小的孩子的总收入中所占的比例更大，所以，那些年龄比较小的孩子会有更高的储蓄率。花掉特殊收入的孩子一般都是年龄比较大的孩子。比如孩子5岁时的储蓄率为76%，到了13岁时就已经下降到了50%。在常规收入中，孩子每周省下钱的比例大约为30%。大多数孩子省下的钱都是存在银行中，只有一小部分放在家中。在每周平均储蓄率上，男孩和女孩并没有很大的差别。

3. 消费支出

中国孩子一般会花掉总收入中的40%左右，他们花的钱大部分都是以现金形式留在家里备用的常规收入。随着年龄的增加我国儿童的支出也是递增的，比如孩子在5岁时的每周可能只花2元，但增加到13岁时每周可能至少要花10元。在那些十一二岁的孩子中，男孩子花的钱要比女孩子多，并且他们花这些钱主要是从储蓄里拿出来的。男性在中国处于主导地位，这种主导地位在儿童消费行为中也得到了充分体现。例如，家长在对待孩子从储蓄里拿钱花上，对男孩的态度要比对女孩灵活，男孩子要比女孩子更容易从他们的储蓄账户中取出钱来，他们开始单独去买东西时的年龄也要比女孩子小。

4. 独立购买年龄

我国儿童一般平均每星期会跟父母购买两次生活用品，在和家人一起购物时，大多数孩子都会有一次自己单独购买一些物品，比如4岁到6岁的孩子中，大约有三分之二的孩子会自己单独买一些东西，在7岁的孩子中这个比例为89%，而在8岁及8岁以上的孩子中这个比例则是100%。那些年龄较小和较大的孩子跟父母购物的次数相对少一点。十一二岁的孩子一般和父母一起去购物的次数会减少，因为他们必须要有更多的时间去准备小学升初中的考试。

从8岁开始，几乎所有的孩子都会自己单独去与居住区相隔很近的零售店里买东西。可能是帮家里买酱油或是给自己买小食品。从性别上看孩子和父母一起去商店或单独去商店的次数没有很大的差异。

5. 所到商店数

10岁以下的孩子去食品店的次数最多，排在第二的是玩具店；而10岁和10岁以上的孩子去书店的次数最多，排在第二的是食品店。去那些可以买到许多学习用品的文具店的次数在所有的孩子中都是排第三位。街头小贩则排第四位。女孩去食品店和书店的次数要比男孩多一点。去百货店的次数最少，去百货店的孩子几乎都是10岁以上的孩子。去商店的次数在性别上也并没有很大的差异。

6. 购买的商品

在调查中，零食占21%，书和杂志占31%，学习用品占25%，玩具（包括付费电子游戏）占8%，衣服占10%，体育运动商品占2%，音乐光碟占2%，电子类商品占1%。总的来说，在孩子所花的钱中有50%多用在与学习相关的商品上。9岁以下的孩子则在零食和玩具上花的钱更多一点，而其他年龄段的孩子则在书、衣服和电子产品上花的钱多一点。

7. 消费影响力

孩子在以下商品的购买上对父母的直接影响程度达到75%以上：面包、糖果、衣服、水果、果汁、口香糖、冰淇淋、电影、坚果、鞋、文具、玩具和电子游戏。而对熟食、海鲜食品、肉类食品以及蔬菜的影响就要小一点。随着孩子年龄的增长，他们越来越不可能参加面包、口香糖、冰淇淋、牛奶和玩具的购买，而会更多地参加牙膏和牙刷的购买。男孩和女孩对父母购买的影响程度在大多数商品上是相同的，但女孩在面包、果汁、冰淇淋和玩具的购买上，对父母的影响要比男孩大得多。

实际上，孩子对家庭购买的影响要比上面出示的这些数字大。因为父母在购买许多商品时都会考虑到孩子的喜好。父母对孩子喜好的考虑也表明了孩子的间接影响。

8. 长辈的资助

现今流行的一句俗语是：一个儿童有6个口袋。随着妇女就业率的提高，生育年龄延后，家庭经济好转，家中的一个孩子自然成为父母眼中的心肝宝贝，所谓“一儿豪华主义”便在这种情况下产生了。此外，爷爷、奶奶和姥姥、姥爷的经济来源多样化，更舍得为孙子添购各式的商品。在中国，大约有25%的孩子和长辈（爷爷奶奶和姥姥姥爷）住在一起，因此长辈对他们的消费会有更大的影响。有43%的儿童会让祖父母给他们买书，有35%的儿童会要玩具，有28%的儿童会要水果蔬菜，有23%的儿童会要学习用品。那些年龄较小的孩子则更多的要祖父母给他们买糖果和软饮料。男孩子更多的是要祖父母给他们买书、玩具和电子游戏，而女孩子则更多的要祖父母给她们买衣服。由于有了父母、爷爷、奶奶和姥姥、姥爷这6个口袋的“经援”，即使遇到经济不景气，儿童消费市场的消费实力仍相当可观。就儿童消费来说，这种支持无疑会使儿童有足够的经济能力，同时也在某种程度上加强了儿童商品市场的潜力。

儿童消费者的角色在城市居民的家庭生活中是非常重要的。一般情况下，孩子还在蹒跚学步的时候，就在父母的鼓励下通过自己的体验，逐渐了解了交换过程的基本要素。他们在4岁时就有了一定的收入，在上小学之前一般就已经成为了消费者。再稍大一点（8岁以后）他们就会自己单独买东西，并且已经去商店单独购买过许多商品了。他们会用掉一些家里人给他们的钱，买他们自己喜欢的东西。在上学之前，儿童就学会了要父母和祖父母给他们买一些商品，而且父母和祖父母显然也愿意赋予孩子很大的购买决策权。孩子在对购买服装和就餐计划上也有较大的影响力。作为一般的规律，高收入家庭的孩子对购买的影响力要比低收入家庭的孩子强，而且男孩普遍更有支配力，女孩则对购买衣物和食物的影响较大。我国儿童对家庭消费的高影响程度似乎表明，中国家庭实际上是一种“儿女主导型”家庭，而这种影响程度甚至和“父亲主导型”家庭中的父亲对家庭购买行为的影响程度一样高。

我国儿童不仅知道花钱，还知道存钱。因为存钱和花钱能满足孩子不同的需要。他们花钱和存钱行为可以这样来概括：常规收入是用来花的，而特殊收入是用来存的。尤其是那些经济条件不太好的家庭的孩子更会把在一些特殊场合下收到的钱存起来。

祖父母在中国的儿童消费者行程中也发挥了很大作用。和孩子住在一起的祖父母经常给孩子零花钱。长辈除了给孩子零花钱之外，还会满足孩子购物的需求。当孩子想要让祖父母给他们买想要的物品时候，特别要买的物品是书籍、玩具和食品时，祖父母经常会满足孩子的要求。

此外，我国家庭非常重视教育，我国儿童自己的钱中有一半是用在学习用品上的，在这些商品的购买决策上儿童对父母也有很大影响。中国的父母在孩子很小的时候就向他们讲述教育的重要性。所以我国的父母和孩子都认为，如果要有一个好的未来，就必须有最好的学习用品，因此买这些学习用品所花的钱和孩子的未来比起来是无足轻重的。这在我国孩子自己购买的商品、喜欢去的商店以及他们要父母给他们买的商品中都能得到体现。

三、儿童市场消费潜力大

根据中国九家调查机构对北京、上海、广州等五座城市儿童进行的问卷调查显示：我国城市中6~15岁的孩子所拥有的零花钱和压岁钱已高达56亿元。在这九个大城市的450万名6~15岁的儿童中，有87%的孩子拥有零花钱和压岁钱，他们平均每人每月可从父母及亲属那里得到60元左右的零花钱，而每年得到的压岁钱则高达730元以上。另一个令人注意的现象是，有超过2/3的孩子是自己来花出这些钱的。在他们的个人消费中，食品所占比重最大，平均每月支出规模达到24.74万元。在“您的孩子月消费”的问题中，每月孩子的基本消费大都在

200~1000元之间，其中200~500元的占52%，500~1000元的占37%。调查显示，每月孩子消费在200元以下或1000元以上的并不多见，两者加一起能达到10%。在“你的孩子消费支出占家庭支出比例”的栏目里，大多数孩子的消费比例基本保持在全家家庭支出的50%以下，结果显示有近80%的家庭将孩子支出分别控制在20%、30%和50%，只有4%的家庭中的孩子支出达到整个家庭收入的70%。在“您的孩子日常消费支出最多的是哪方面”问题中，教育和饮食占了相当的比例，分别为53%和46%；服装和娱乐项目所占比例略低，为26%和23%；众多项目中，儿童日用品消费占的比重最低，不足15%。这些数字说明，目前社会普遍认可的给孩子吃好、让孩子学好仍在家长心中占有主导地位。现阶段儿童商品市场的消费潜力保持着可观的形式，而且这种形式在以后相当长的一段时间里都不会改变。

我国城市儿童对经济的影响是相当大的，这种影响至少在以每年10%的速度增长。从国家统计局所获得的一些家庭消费数据中，也可以算出我国儿童市场的潜力。例如，我国大城市里4~12岁的孩子每年影响的食品购买额为448亿美元，儿童服装购买额为41亿美元，学习用品购买额（不包括课本和计算机）为27亿美元，玩具购买额为27亿美元。除此之外，这些孩子每年自己还要花掉60亿美元。

在衡量一个地区的市场潜力时，有一个简单的规律：即人口×每人平均持有的可用于消费的货币=市场规模大小。这个规律使我国儿童引起国外商家越来越多的注意。根据观察，目前在市面上的儿童用品中，国外品牌占据了很大比例。乐高、芭比、雀巢、M&M、百事、卡夫、克罗拉多、强生、耐克、麦当劳、肯德基等国外品牌相继进入我国并开始与国产品牌展开激烈的竞争，从而求得占据中国市场上的一席之地。还有不少国外儿童品牌正在积极进入国内市场。其中的原因，除了中国作为巨大消费市场的诱惑之外，还因为近年在欧洲、日本等地区和国家，人口出生率正在大幅度下降，根据今年公布的一份欧盟委员会专家报告表明，近几年欧洲人口的实际增长率为零。市场缩小使得商家对中国消费市场充满期待。

国外儿童用品有更成熟的操作经验，产品门类也非常丰富。有的产品还用高科技来解决父母们没有考虑到的问题。比如给婴儿买鞋，婴儿鞋也跟成人鞋一样，根据孩子的脚型不同，有一型鞋、二型鞋等区别。父母们一般根据经验来判断鞋子大小，即使鞋子不合适，孩子因为太小也无法表达。某国外儿童品牌在杭州大厦推出了三维测脚仪，只要把孩子的脚在仪器上放一下，就能测出孩子的脚型、大小。他们希望用这种更为专业的服务来吸引中国新一代的爸爸妈妈。

近年来刚刚起步的我国儿童产业呈现出需求规模庞大，行业分散，区域市场差异性大的特性，而且国内企业普遍缺乏品牌优势，尤其在高端市场受到进口产品的打压。所以很多国内品牌都在整合力量，以服务带动销售成为经营儿童用品的新方向。儿童用品的消费主体为准妈妈和新生儿的父母，这样特殊的消费群体出于安全及品质的双重考虑下，对于一站式购物，价位合理，环境温馨，服务周到的专业性儿童用品店尤为渴望。以加盟店形式来整合实力，成为众多儿童用品品牌的发展方向。

儿童商品市场的潜力虽然巨大，但同时也受到三个因素的制约：一是消费能力即经济能力，显著特征是消费要求和购买行为的分离，因为儿童都没有独立的经济来源，因此他们的购买需要父母亲人的经济支持，特别是幼龄儿童这一特征更为明显。二是市场需求即消费者切实的需要。三是孩子的父母和长辈对儿童消费某一商品的理解。这些因素若能在某种程度上达成一致，则儿童商品将迎来更广阔的前景。

第二章：儿童市场消费现状

儿童这个群体是指18岁以下的未成年人。当人处在1~18岁这个年龄阶段，生理、心理都在迅速发展变化，其消费都有明显的年龄特点。我国儿童用品市场是一个广阔的市场，研究这一类市场的消费现状，对市场的营销工作有重要意义。

一、儿童对购物影响较大

所谓儿童的消费影响力包括两个方面，即儿童对商品市场的影响和儿童本身对消费行为的影响。现阶段，我国的儿童越来越受到家庭的重视，基本上处于家庭的中心地位，亲人对儿童的支持越来越大。现代社会，父母忙于上班或经营事业，在家中陪伴孩子的时间减少，基于“补偿心理”，父母对于子女的消费就格外大方。俗话说“望子成龙，望女成凤”，希望自己的孩子在人生的起跑点上就是赢家，所以只要有能使孩子长得高、长得壮，或能刺激儿童学习欲望、增长智慧的商品，往往都能得到做父母的青睐。另一方面，父母往往因自己的童年物质匮乏，为弥补缺憾，往往投射到孩子身上，竭尽所能地满足孩子的需求，希望给他们一个美好的童年。

1. 儿童地位逐渐提高

在现今的社会及家庭生活中，儿童的地位正在逐渐提高。儿童地位的提高使得无论是对儿童商品市场的促进发展还是儿童对消费行为本身的影响都大大加强。

未成年的儿童一般由父母养育和监护，其活动范围主要是家庭、幼儿园和中小学校。由于年幼，生活知识较贫乏，儿童用品大多数是由父母代为购买的，只有一些零星的小食品如零食、小玩具、文具等可由他们自己来购买。虽然儿童可以独自消费，但人们长期以来还是认为儿童并没有独立自主性，他们的自我意识和判断力都不被大人所重视。儿童是大人的缩影，儿童被视为父母亲的“私有财产”，需要成年人的照顾和教导，缺乏“人格权”和“生存权”，像是空容器，等待装填成年人的想法和价值观。

社会的发展和认识对这一点给予了坚决的认同。根据欧美社会科学院研究结果显示，儿童有其独特的想法、认知、思维逻辑、心理反应和价值观，有不同类型的问题，有感情、需求、目标、受尊重和受教养的权利。这些研究成果，让父母和社会开始重视儿童需求，尝试去了解儿童需要什么？聆听他们的想法，尊重他们的决定。相对的，儿童对父母、老师和社会就产生了影响力，由过去的单项沟通，转而为双向沟通。

2. 影响儿童购物的因素

孩子通过让父母为自己购买一些东西而对商业产生影响。一般而言，影响儿童购买需求的因素有电视广告、商店展销、身边小伙伴和兄弟姐妹等，儿童在这些因素的刺激后，可能会以口头要求、抗辩或交易等方式向父母提出购买意愿。

许多父母的共同反应就是很难说“不”，主要是因为：觉得会让孩子遭受挫折；觉得孩子可能会不喜欢自己；觉得自己很失败，因为不能给予孩子想要的；对孩子“不”说得愈多，父母愈觉得愧疚。

就整体而言，父母对儿童的购买要求绝大多数并不认为是件坏事，他们往往会设定一个弹性范围，来回应孩子的购买要求。父母对儿童购买要求的回应态度大致为：尊重孩子的观点；存有教育的目的，让孩子学习如何成为一个好的消费者；站在营养均衡及益智的角度，让孩子多吃些不同种类的食物和尝试有益身心健康的玩具。

3. 儿童能影响家庭支出

过去儿童通常不是决定消费行为的人，要买什么东西吃，几乎都是家长代为决定，但是随着儿童消费地位的提升，情况已有不同。儿童对于家庭购买有发言权，儿童会影响很多商品的选择，孩子可以直接、间接或者作为准顾客来影响购买，特别是直接且单独由他们自己使用的商品，例如食品、衣服、玩具和他们自用的家具。儿童已经从过去消费的“接受者”转变为消费的决策影响者。孩子的影响力是巨大的，并在不断地增长。以至于让父母感觉孩子的影响力要比孩子自己估计的要大，孩子的要求对他们的购买行为的影响要比广告大。父母同时也支持他们这样的决策。

儿童对购物决策的影响随年龄的增长会有所不同，而且通常是在他们进入一定年龄后才有自己的决策影响力的。比如，在早期，3岁或更小的孩子的要求往往是宽泛的，不是针对某一类品牌，小孩会要求他看到的许多东西，然后忘记最后的要求，接着又要下一个。孩子的这些要求常常是不带商标的东西，他要一个玩具车或一辆自行车，而不是某种品牌的玩具车或是小汽车。然而随着孩子年龄的增长，在他们积累了一些实际的经验并能够确定时，他们的要求就变得更具体起来。

孩子很小就可以选择自己的需要，参与重大的家庭决策，从购买什么样的电脑和汽车，到买什么样的房子和去什么地方度假，处处都会影响着家庭消费的投向。比如在对全家人使用的日用品和家庭闲暇时间消费休闲活动上，他们也在逐渐增加其决策影响力。在这里特别将儿童对家庭闲暇时间消费的影响提出来是因为这部分值得商家从特别的角度予以关注。从西方的眼光来看，闲暇对中国来讲是一个新概念。直到20世纪90年代，我国的成人一周仍然工作六天或者七天。间或有一些偶尔的假日和七个常假。孩子们一周要上六天学，而且经常在周末时额外补课。在1994年和1995年间，中国人民代表大会把周工作日缩短至40小时，学校周学时缩短到30小时。在这个“漫长”的假期中孩子们想要做什么，家长又想要做什么，这是很值得商家去思考的。在这里您可以明确地知道孩子的愿望在很大程度上影响了父母的决定。

孩子们对家庭的娱乐也有不少影响。三分之二的城里孩子周末想离开家出去玩，最好能和朋友们一起出去，他们有时会去离家不远的草地或者公园里玩。还有一些孩子想去逛商场，那些想出去玩的孩子同样也想在玩的同时能逛逛商场。比如说，有的孩子希望穿上他们喜爱的运动服去商店买一些学习用品，然后在麦当劳大吃一顿。父母其实很希望孩子呆在家里，或者休息、读书、看电视或者帮着做家务，这样父母就可以有足够的时间和孩子在一起。但实际上只有少数小孩尤其是女孩想呆在家里学习。而且那些确实想呆在家里的孩子大部分还是愿意看电视或者玩游戏。尽管生活在不同年龄、不同收入的家庭，但孩子们对娱乐项目的偏好并没有多大区别。对孩子来讲，这部分休闲的时间，就是一个可以自己玩耍、欢笑、离开学校、告别繁重学习的自由时间。

对于周末想去哪儿孩子们比父母更有决定权，比如他们更想去游乐场、或带有游乐场所的商场。在决定拜访谁时同样有一定的说服力，比如他们愿意去长辈家或直系亲属家，而不太愿意去拜访父母的朋友。总之，孩子们在游玩、购物和学习上较有说服力。

4. 孩子是市场未来顾客

孩子不是一个目标市场，而是即将成年的一代人。孩子们代表着未来的成年消费者。他们小时候亲近的品牌很可能会成为他们成年以后也十分喜爱的品牌，并一直消费下去。其实孩子对品牌的印象从很小就开始了。孩子十几岁的时候是最适合树立品牌价值的，因为这个年纪的孩子智力和社会阅历虽然不成熟但已经有了一定的发展。所以商家需要事先规划，不仅要考虑孩子们今天购买什么，明天他们成年之后将会购买什么也很重要。那么保持品牌的活力对于品牌的长期生存就显得至关重要。

一个品牌无处不在的时代，商家需要培养未来的顾客，这样品牌的未来才会更有发展前景。从摇篮就开始的营销策略可以给商家带来最大的回报。

二、儿童市场高消费显著

高消费是现今儿童市场的一大特色。这种高消费从市场的角度来说是促成各商家争逐的根本原因。但从社会承受能力以及儿童自身成长来说，儿童商品市场的高消费本身就是一个问题，但这对商家来说却意味着更大的利润空间。

儿童消费群体是一个较为特殊的群体。儿童利益保障是社会上一个重要的话题，同时满足儿童市场需要也是人们所关心的。了解儿童商品市场存在的问题的根本目的，在于我们可以借此弥补各种不足，引导儿童积极消费，拉动市场互动关系的同时，又保证儿童消费的正确性、合适性，以促进儿童市场良性发展，促使商家与儿童之间的良性互动。

自我国实施一对夫妇只生一个孩子的政策以来，父母对孩子的吃、穿、用、玩等方面都是竭尽全力的，社会上少年儿童高消费现象日趋严重。据北京零点信息公司对北京、上海、成都、广州、西安5大城市的调查表明：在5个城市中，每月每个家庭为孩子花的钱平均是772元。北京的一个孩子要花864元，居全国之首，上海其次为836元，其中服装、食品的物质消费占60%。

中国儿童营养卫生研究所等单位对小学生做的调查表明，12岁以下的学生经常买零食的占92.3%，只有8%的孩子不吃零食。另据调查，现在3口之家中，孩子的消费基本上决定了一个家庭的消费方向。工薪阶层80%的家庭中，每月除去必要的积累外，大多数都是满足儿童的消费，一个孩子的月平均消费要超过一个大人。在一些经济条件稍微好的城市，孩子暑假出国旅游似乎也有蔚然成风之势。现在看来，儿童高消费已愈演愈烈，在各个方面都有所涉及，这是家庭生活中儿童中心地位日益加强的直接结果。

（一）儿童玩具市场高消费

儿童玩具一直以来都是儿童市场的重要商品，是儿童必备的主要消费产品之一。随着经济生活的好转，家长对儿童智力开发的投入越来越大，近些年来，大众对儿童玩具的支持度越来越高，儿童玩具的市场影响力也越来越强劲。过去儿童玩具的种类较少，价格也比较低，不少家长可能会买一小堆玩具给孩子，包括拜访家中有小孩的亲属时，好多人都选择送玩具。但现在玩具行情却改变很大。原先买一小堆玩具的价钱现在可能只能买到一个中档的儿童玩具。因为现在的玩具市场上，最小的电动或布玩具都要卖到10元左右，稍微成型的电动玩具一般都要卖到50元以上，100元甚至300~400元的也非常普遍，贵的可高达500~800元。

虽然目前市场上玩具价格普遍偏高，但是，纵观市场，仍可发现购者如云。尤其遇到节假日，玩具柜台可谓生意兴隆。因为任何孩子都抵挡不了新奇玩具的诱惑，而多数父母都无法抗拒孩子的要求，即使价格较高，也都尽量满足孩子的愿望。

但对于儿童玩具市场高消费现象是否合理，家长是否接受，很多家长站在不同的立场上有不同的见解。作为经营者或想要进入儿童玩具市场经营的商家都有必要进行了解。毕竟一个真正永久性的商品品牌是绝对不能漠视消费者利益的。

有的家长认为儿童玩具目前价格确实是贵得可怕，但只要能够确定玩具能够有利于儿童智力的发展，家长还是愿意投资的。也有的家长认为，高价格的儿童玩具纯粹是以赚钱为根本目的。很多玩具构思根本不是从有利于儿童智力开发角度去考虑的，甚至有的还起反作用，伤害性太大，恐怖性太强，误导太厉害。比如大街上，常见一些儿童拿着各自的玩具枪相互“攻击”，或对准路人、沿街窗户玻璃射击。据悉，有一种玩具枪子弹出膛速度高达每秒53米，非常危险。巫婆、大便盒、老鼠礼盒等一些怪异的玩具，也颇令孩子们喜爱，拍打或打开会发出怪异恐怖的叫声或突然横空出世吓你一跳。儿童往往以此为乐，却让大人伤透脑筋。市场上儿童玩具的质量问题比较突出。价格高并不等同于质量好，高价购来的玩具很快就坏掉，又无法修复，不少家庭都有一大堆破玩具。假冒伪劣玩具充斥市场。很大一部分儿童玩具属于无厂名、无厂址、无安全警示的“三无”产品。有的儿童玩具外包装盒上全是冗长的英文说明，不但没有中文说明，就连中文品名、厂家名称也没有。一种儿童滑板车外包装上全是日文字母，没有警示标志，也没有中文说明书。实际上市场上超过半数的儿童玩具都是“洋包装”，这些玩具其实又全都是国产的，包装上写洋文只是为了看起来高档一点，送人也好看。孩子们日益受到来自一些假冒伪劣产品的威胁，而不断发生的因玩具质量而造成的伤害事故，更让家长和孩子们胆战心惊。

（二）儿童服装市场高消费

在一项对小学生名牌服装消费方面的调查中发现：北京的儿童，半数以上的孩子至少有一套名牌服装，其中30%的孩子有两三套，10%的孩子有4套衣服。在消费调查中还发现，北京的孩子更喜欢选择进口货。小学生在名牌服装的消费方面令人惊讶。

如今的童装市场品牌林林总总，花色五彩缤纷，但童装价格之高，令人咋舌：两三岁孩子穿的一双普通布鞋15元左右；身高70cm左右的孩子穿的一件背心要40~50元，一件纯棉马甲低的50~60元，高的150多元；水洗布、洗涤衬衫要价50元左右；连衣裙多在100元上下，稍加装饰的就达150多元。在北京一家商城，一条吊带裤45元，一件涤棉短袖衫高达160元。一般来说，童袜不论大小，大都在4.5元以上，这与普通成人女士袜的价钱已完全一样，在南方某市一家大商城里，按最便宜的价格对一个孩子配齐一套夏装作初步估算，一套童裙的价钱，一般是在70元以上，100~300元的居多，贵的可达500~600元；若是男童，衬衫加短裤，也是100来元，外加童鞋，最便宜也是最普通的一套也得110~150元。童装有时尺码越小的价钱越贵。如此算来，一个2岁的孩子，其一年的服装费用便“价值千金”。 年轻的妈妈们为孩子买衣服，往往是便宜货质量差不中意，贵的又难以承受，陷入左右为难的局面。令人惊讶的是，尽管这样，年轻的父母消费者们仍一掷千金为自己的孩子添置着一件又一件价格不菲的服装。高价儿童服装在市场上丝毫不受冷落，不管是高消费认同还是高消费行为都普遍上扬。今年“六一”前一天，某市最大的儿童用品专卖店当天服装销售额高达30多万元。由此可见，儿童服装高消费在不少城市已被消费者所接受。

儿童服装市场出现高消费现象的主要原因是：童装用料虽比成人服装少一些，但进货价却不比成人低，很多商家把童装做得较成人服装更为复杂，再加上电脑绣花、领结、装饰物等等，加大产品成本时也提高了市场价格；同时还有一些企业由于盲目生产造成了成本增加，库存积压，却又以价格的形式转嫁给消费者以维护自身的利益；部分劣质童装肆意抬高价格，也使童装价格更趋混乱；现在许多儿童是家中的“小宝贝”，许多家长都愿意花钱将孩子打扮得漂漂亮亮，所以儿童服装市场利润空间相对较大。

在服装中，童装的更换是最快的。众所周知，儿童在生长发育阶段，其衣服的淘汰率显然高于成人。有关统计表明，一个1岁儿童的身高为80cm左右，而当他2岁的时候的身高则为90cm左右，在服装中，这就相差了两个尺码。显然，童装的定位，应在于舒适、价平，并不一定要求高档、名牌。而且让儿童过早追求高级享受，对其心智发育、情操培养明显不利。面对儿童服装消费市场这一个巨大消费群，如何让儿童消费得安全、健康，这是许多人关心的话题。

（三）儿童食品市场高消费

儿童对零食的嗜好众所周知，而儿童食品市场如今也步入了高消费时代，有人曾经算过一笔账，儿童零食平均每克都在0.1元以上。一种爆米花，22克标价2.1元；110克米饼高达19.6元。国内不少儿童食品还非常讲究组合包装，往往经过这么一加工，其附加值就提高了许多。总之，但凡正规厂家生产的儿童食品，其价格令人瞩目。除此以外，如果要看价格再高的，那就非洋食品莫属了。近几年，大量进口儿童食品的消费水平又抬高了一大步，几十元一小块的进口巧克力，30多元500克的外国糖，68元一盒的新加坡饼干，30多元一盒的美国儿童罐头，无不令人炫目。

儿童食品的惊人高价并没有把诸多中国儿童及父母拒之于商场之外，随着人们生活水平的提高和收入的不断增长，许多家长对这类高消费也心甘情愿。加上生产厂家和商家都从营养结构及口味高贵等方面大做宣传，许多家长有“高价买顺心”之感。某市一家商场原来很不兴旺，去年该商场花300万元装潢改建成高档食品城，其中一大部分用来经营高档儿童食品，如今生意特别红火。

食品是儿童的消费首选，且利润空间诱人，虽然竞争激烈，但市场份额较大，所以引得无数商家投身到儿童食品市场中来。现阶段我国儿童食品市场除了价格高的趋势之外，儿童食品的质量仍然令许多家长担心以及应引起商家注意的一个问题。据国家统计，现在儿童食品合格率仅为44.7%。并且儿童食品的“三无”现象十分严重。这种无厂址、无商标、无生产日期的产品多系乡镇企业或“地下工厂”生产的，在过氧化值、大肠菌群等方面均严重超标，直接危害了儿童的身体健康。

时下，在儿童食品中附赠小玩具和小的学习用品，已成为生产企业的一条促销“高招”。这样可以吸引儿童的消费欲望，许多小朋友买小食品有时候并不是为了喜欢这个口味，而完全是为了里面的赠品。很多家长都会有这样的经历，孩子在商店买完小食品后，回到家里只拿出玩具来玩，食品却一口不动。殊不知，混装在食品内的玩具是否合格，是否安全，是否卫生，是否影响食品的质量不得而知。同时令人担忧的是，商家进货时，有关部门仅对食品进行检查，而对里面的玩具却从不检查。有的厂家甚至将一些低值劣质玩具充塞其中，借此抬高价格。

另外儿童食品的质量问题还从食品营养缺乏科学调理这一点上得到体现。一方面小儿营养过剩，“小胖墩”剧增；另一方面儿童缺铁性贫血及佝偻病患病率升高。上海市儿童保健所的一份最新统计资料显示，上海每百个1~6岁儿童中，有3个患肥胖症，比10年前增加5.24倍。据北京第一期“胖墩夏令营”100名营员的体检资料显示，这100名“胖墩”中，高血脂96人，脂肪肝42人，高血压18人，肾结石1人。据有关部门对3万名城市儿童调查，缺铁性贫血患儿高达40%；同时，维生素A、维生素B2、钙、蛋白质及铁，普遍摄入不足。可见，做父母的在如何让孩子吃好的问题上，应该讲究科学。食品工业和商业企业也应该加强儿童食品的科研工作。

（四）儿童图书市场高消费

儿童读物一直是备受社会各界关注的儿童商品，它不但是儿童喜爱的，同时也是对他们身心起着重要作用的精神粮食。儿童图书是一种带有很强教育学习性的商品，对儿童的知识积累以及智力成长都有着重要作用。提起儿童图书，许多人脑海里就闪现出几角钱一本的连环画，如《鸡毛信》、《钢铁是怎样炼成的》、《水浒传》、《西游记》、《十万个为什么》……装在小木箱里的儿童图书伴随千千万万少年儿童度过了难忘的童年。这些儿童图书以深入浅出、通俗易懂、图文并茂、价廉物美博得了小读者的喜爱。然而，这几年，随着儿童图书日趋豪华，价位不断翻着番地往上涨，廉价书已越来越少见了。过去的连环画都是64开的，20世纪80年代中期，为强化画面表现力出现一幅多画的组合式连环画后，儿童图书的开本便多被改为32开、24开甚至更大，这虽对丰富儿童读物类型是件好事，可一哄而上却导致了价格上扬。随便走到一家书摊，就会发现儿童图书价格越来越昂贵，几十元、上百元的“精装套书”越来越多。

据了解，一本硬皮精装的连环画册利润在40%以上，数倍于简装的儿童读物。由于儿童图书市场利润颇丰，最近出版的儿童精装书特别多，不少出版商都陷入了盲目跟风，发行精装高价图书的“怪圈”。时常国外科幻片、日本卡通片还在电视上播映，各出版社就已争相印刷。他们摸准了现在城市家庭对独生子女智力投资的心态，不断推出价高质低的儿童图书。这种市场战略无疑是导致少儿图书市场高消费的根本原因。比如，一本不足100页的图书，内容少得可怜，全靠大量精美的图片来占地方。这样的书，只要设计一些华丽的包装，就能以精装书的名义销售，价格动辄上百元。其实这样的高价位直接影响了小读者的利益，不少家长因此少买或根本买不起，这反过来影响到出版发行，发行数量下降，价格就定得更贵，形成恶性循环，精品图书之路越走越窄。何况，孩子读书并不懂得爱惜，再好的装帧也是一次性阅读，追求豪华其实是一种浪费。

儿童图书的高消费并没有带来等量的文化内容。在花花绿绿、形形色色的儿童图书前，人们经常面临着“无法选择”的难题。因为现在许多儿童读物千书一面。选题重复，缺乏独特新颖的创意。有的名为儿童读物，内容却多为成人的语汇、句法、口气，没有一点“童真稚趣”；还有的内容“重智轻德”，不尽如人意。

从市场营销的角度来说，少儿图书实际上更多的是以儿童家长为对象的。前一段时间，有一种套书的32开本和64开本两本同时面市，结果小开本一销而光。有识之士认为：传统的小开本64开的“小人书”不要打入冷宫，它符合连环画大众化的特性，价格便宜，收藏随意，携带方便，翻阅容易，是儿童读物的一种良好选择。商家理应遵循这种认识，以博得家长与儿童的共同认可，这才是永续经营之道。

（五）儿童学习用品高档化

在商场里，有些外形漂亮的商品如果不是放在文具专用柜上，谁也想不到这是学生所用的文具。越来越多的文具向玩具化发展且价格奇高。商家抓住孩子爱玩这一天性，纷纷将文具制作成玩具形状，吸引他们购买，如将铅笔刀制成汽车形状，书包做成各种卡通动物形状。学习用品的高消费是其高档化的外观。必要的高档化无可非议，但在很多时候高档化的盲目性才是问题的根本所在。比如，一只文具盒往往要50多元，橡皮价格最高达十几元一块，而一个学生书包的价格为100~300元。每到开学，是各种学习用品热销的时候。然而，家长在选购时却又弄不明白这到底是文具还是玩具。文具首先是一种学习用品，对于文具的玩具化、高档化，不少家长担心使用这些文具，会分散孩子学习注意力，并助长孩子互相攀比的不良风气，同时又给家长增加了不必要的经济负担。

综上所述，儿童高消费确实已经十分普遍，社会上很多有识之士对此都有深刻地认识并对此存在种种忧虑。确实，儿童高消费对儿童的思想观念以及健康成长都有很多不利的影响。商家在认识到儿童商品市场的各种商机的同时，也应当帮助他们树立正确的消费观念，用自己的行为去启发他们进行正当消费，这不但是对商家面向儿童市场营销的一个原则性要求，同时也是商家博得大众认可和支持的经营之道。

第三章：儿童市场发展趋势

在父母心中，孩子延续着自己的梦想与未来，为了让孩子拥有一个无忧无虑比自己更完美的童年。做父母的往往喜欢一掷千金，哪怕自己再怎么节衣缩食、受苦受累都要竭尽全力给予孩子一切支持，充分满足孩子们求新求异层面上的物质和精神需求。父母的关注程度越来越高，儿童市场的消费基础、消费环境、消费潜力也越来越显著。可以说，儿童市场是现阶段各行业各领域竞争白热化的市场环境下，非常值得探讨和经营的蒸蒸日上的市场板块。

一、儿童市场品牌化经营

国内众多企业却往往忽略儿童市场迅速成长的发展态势带来的丰厚利润，可能在他们看来，儿童营销的主体虽然是孩子但其真正享有支配能力的却是背后的家长，而后者的理性和挑剔，注定市场的起效阶段较长。于是，耐心在这个时刻更多的成为奢侈，即使企业产品出来，更多的也是先考虑眼前，满足于短平快似的赚钱，而很少顾及以后的细水长流。从潜意识中就缺乏深层次战略定位和战略实施。商家在对待儿童营销中的麻木、消极已经脆弱到不考虑长期利益的永续经营上，过分功利性的做法已经迷惑了原本理智清醒的头脑，一些杀鸡取卵式的手段严重透支着市场资源。产品经营和品牌经营是两个不同的概念，品牌经营是每个老板梦寐以求的事情，遗憾的是对品牌的认知目前还停留在十分肤浅的初级层次。比如现在的儿童玩具包括长毛绒玩具、电动玩具、拼版积木、遥控玩具等市场质量有九成是不合格的。有的产品电路不符合国家标准，有的玩具电器开关接触等有问题；有的长毛绒充塞材料和制作不符合卫生质量指标；有的机械设计不合理；有的无警示标记，有的没有提醒适合于使用该玩具的年龄段等。有的一些玩具在正常使用后存在零件脱落等安全隐患，容易造成儿童误吞食而产生窒息，有的一些产品存在危险毛边，容易划伤儿童；有的玩具外观十分漂亮，但内部结构却存在众多瑕疵。其实企业这种目光短浅的行为不仅不会获得长久的收益，难以创建经营品牌，更是在扼杀一颗颗纯真的心灵。要知道儿童对品牌的认知度是在其两岁的时候就已经形成了。尤其是双职工家庭，孩子更注重品牌。

我们会发现，在过剩经济时代，残酷竞争打压着企业生存空间，众多同质化产品为了争夺出海口，彼此你拥我挤、各施手段、各展奇招，有的竭尽全力、有的赴汤蹈火，此时品牌就像个江湖上猎猎作响的大旗，摇曳着众多老板骚动不安的心，“儿童产品要不要做，企业向何处去”、“儿童品牌到底能打多久”，“为什么以往屡试不爽的招数不灵了”等等困惑和迷惘，所有这一切都构成了宏观战略层面上在解决了企业生存后战术角度如何表现出的创新本质和突破决心。说到底，企业团队精神、经营文化、营销理念需要在积累中迅速实现量变到质变，并最终支撑起在时代潮流中完成奠基的品牌大厦。

众所周知，麦当劳更多的是品味一种美国文化和由其强势文化带来的一种精神愉悦和心理满足，其不断变化的主题赠品把儿童的需求研究得十分透彻，在给我们的启示中，麦当劳更多的是在培育市场过程中慢慢培养儿童对生活品质的认同。还有众多的品牌方便面、薯片，也往往把当前热播的卡通片和连环画以及精美的小玩具等作为吸引儿童青少年的载体放在里面，吃完多少就可以收集成一个系列，此举引得孩子催促大人买方便面不主要是为了吃而是为了收集里面的玩具和精美卡片，可以说儿童品牌是需要执著追求和永续经营的，某种程度上讲就像海水一样，总是充满诱惑和神秘，但又深不可测。品牌经过精心打造和积累也拥有了海水般的不凡和气势，但反过来海水在温柔的同时也会咆哮，在平静的同时也会怒吼，市场并不以我们的主观意志而转移。一旦哪个环节遭受特定的变故或者在品牌经营中理念出现偏移，结果是会灼伤激情和刺激灵魂的，虽不至于像印尼爆发的海啸般狂猛，但后遗症也是够大的了。

儿童市场是极具有前景的，这不但是基于全国13亿人口中少年儿童所拥有的庞大数字比例，而且在于我们所服务的对象将牵动着家庭经济极高的敏感度和关注度。“倾向性消费”、“贵族性消费”，应该让位于“挑剔性消费”、“互动性消费”，儿童营销相较于其他模式和方法而言，充满着感性、生动、灵活、多样的色彩，只要引发孩子的好奇和关注，通过别致富有情趣的礼品，借助多种形式的主题包装，就能打动孩子的心灵，体现一份社会的责任。

二、儿童消费个性化来临

目前，儿童用品市场已进入个性化消费时代。在此背景下，儿童用品因其常常与儿童特定的发展阶段和特定的成长需求相联系，而日渐成为一个对个性化要求较高的领域，家长们普遍期待的是与孩子的特点、孩子发展阶段的关键因素以及期望和预算吻合或接近的产品与服务。这一变化构成了促进行业发展的新动力，但它同时也是一柄双刃剑，当家长们的这一需求被漠视时，孩子的钱就不再好赚了。

在传统的产业价值链中，经销商的基本角色是制造商的代理和受托人，其基本职能是帮助制造商将其产品以及相关信息传递给消费者，它要忠于的是制造商而不是消费者，而个性化消费时代，儿童用品经销商却更需要忠实于消费者。

三、儿童市场细分化发展

近年来，针对儿童消费的产品品种越来越多，花样翻新越来越快，功能越来越复杂，儿童消费市场表面上是一片繁荣，但是，消费者对此却似乎并不满意，一项调查显示，对目前儿童消费市场状况较为满意的消费者还不到10%，而回答不满意的竟占到了60%以上。

现在的儿童消费市场到底缺些什么呢？调查显示，家长对儿童智力培养、营养保健和品格培养方面的知识的需求都很大。这说明，整个行业非常缺乏相应的服务。这也从另一个方面向商家提出了市场细分的要求。这使得整个行业面临新的机遇和挑战。

很多商家可能对儿童消费市场的细分存有顾虑，担心过度细分所导致的市场细碎化会影响盈利。但儿童消费的迅猛发展和消费需求的变化，对儿童消费市场的细分提出了客观的要求。如果企业可以把握住这一时机合理细分到位的话，那么企业的发展将会取得一个质的飞跃。其实我国城市儿童消费在家庭总支出当中所占比例超过33%的已占到家庭总数的90%。其份额已构成了家庭消费不可忽视的重要组成部分。数据显示了北京、上海、西安、成都、广州五城市的儿童的月消费额已超过了39亿元。这也从儿童消费的绝对量方面证明了儿童消费市场的巨大。同时也证明了今天我国的儿童消费市场细分的数量基础已经具备。

与儿童消费市场规模的迅速扩大相比，更应引起商家重视的是其性质所发生的变化，正如调查的结果显示一样，中国城市家庭的儿童消费在经历了保障基本生活消费，追求享乐性消费之后，已发展到强调成长性消费的新阶段。

成长性消费又称发展性消费，一般是指家庭针对儿童成长的需要而进行的相关消费行为。如：为身体的良好发育购买各种营养添加品；为学习知识和培养能力而购买的书籍、器具以及参加各种培训班等。通常成长性消费可分为三类：针对身体发展的消费；针对认知发展的消费；针对人格发展的消费。具体的有生长发育、大小肌肉动作、感知能力、思维能力、知识经验、语言能力、自我系统、交往行为、情绪情感等15大项60多个方面。与基本生活消费及追求享乐性消费不同的是，成长性消费是一个具有较高信息包含、消费者介入度较高的且个性化取向强烈的领域。由于消费者在成长性消费时所表现的诸多特征和性质与通常的基本生活消费和享乐性消费有着内在的不同，构成了儿童消费市场细分的内因。由此看来，在当前的市场上，顾客的要求会变得越来越细致。所以企业要想发展，必须需适应这种变化，为特定的细分市场量体裁衣，因为这将是保证成功的唯一办法。

利用和借助动态的市场细分可在一定程度上降低市场营销成本并提高市场营销的效率。比如：某儿童用品公司提供的针对儿童成长性消费的产品在运用常规的市场细分方法确定目标顾客群时遇到了困难，遵循常规的市场细分原则及自身产品的特质，该公司顺利地将目标市场界定为人口50万以上、人均收入××元以上的大中城市的3～9岁儿童家庭，但其很快便发现，依据这种笼统的定位根本无法制定相应的市场营销战略，更无法保证市场营销的效率和效益，在引入父母社会阶层、收入水平、受教育程度、儿童用品购买习惯等变量加以进一步区分时，统计处理的结果表明，目标人群呈混乱分布，无法找出其相近的偏好和行为特征，在对变量进行多次增删调整后，结果仍无改善。

后经引入消费者信息搜索类型变量后，消费人群被有效地区分为信息搜索主动型、信息搜索随机型、信息搜索被动型三类。结果显示，儿童成长性消费与顾客的信息搜索类型有较高的相关性，而各城市之间的差异也反映了各城市相关文化生活水平的不同。

通过以上的调查和研究，该企业最终将目标顾客定位为具有主动信息搜索特征的消费群体，并据此制定了相应的战略，取得了良好的效果。

第二篇

儿童消费特征解析

第四章：儿童消费心理分析

儿童消费者是一支庞大的消费群体，他们介于初生儿到18岁之间的各个年龄段，是处于生命及成长初期的消费者。儿童消费者的消费心理及消费行为受外部环境因素影响较大，从而表现出较大的变化幅度。这种变化在不同年龄阶段表现得最为明显，即乳婴期（0~3岁）、学前期（3~6岁，又称幼儿期）、学龄期（6~12岁，又称童年期）、青年期（12~18岁，又称少年期）。在这四个阶段中，儿童的心理与行为会出现四次较大的质的飞跃，表现在心理上，开始了人类的学习过程，逐渐有了认识能力、意识倾向、学习、兴趣、爱好、意志及情绪等心理品质；学会了在感知和思维的基础上解决简单的问题；行为方式上也逐渐从被动转为主动。这种心理上的发展或改变直接影响着其消费活动的进行，而其消费活动也会从某种程度上把其心理状态表现出来。

现代的孩子比他们的父母懂得更多，比如计算机、软件、技术或者家庭娱乐。毫无疑问，面向孩子的市场延伸到新的、近乎眼花缭乱的境地——更多的商品类、更多的游戏类，更多的品牌，更多广告时间和空间。因而，比之以往，儿童市场营销变得更加复杂。

作为儿童消费市场的经营者，非常有必要了解把握现代儿童的消费行为特征。总体来说，儿童的消费行为特征可以概括为：越来越具有购物权；实现消费行为的经济条件依赖于父母长辈；价格意识不强；对商品的喜欢与否更多地取决于商品的心理满足效用；消费者自我控制能力差，购买行为容易受外界影响；购买行为主要受感情动机的影响；娱乐用品的消费比重较大。这些是由儿童的生理特点和心理特点所决定的。

一、儿童心理发展变化特征

儿童心理的发展变化，是一个由量变引起质变的过程，这个过程表现出各阶段之间的连续性，并逐步形成一个相对独立的主观世界，具有一定的认识能力、意识倾向、兴趣爱好等心理品质。在思维方面，虽然主要还是直接与感性经验相联系，但也逐渐开始向逻辑思维发展。认识儿童发展心理的基本概况，对研究儿童用品的营销活动，满足儿童对消费品的心理需求有重要作用。

任何正常人的一生中，儿童时期都是其心理和生理上迅速发展成熟的时期。在这一迅速发展的过程中，儿童的心理同生理上的变化相一致，共同表现出以下一些特征：

1. 渐进性与平行性特征

儿童在出生后就会经历第一个发展阶段，即乳儿阶段的发展。这个阶段儿童的生理发育快，整个活动基本上处于本能行为，在心理上逐渐受外界影响，但没有更多的独立意识。随着年龄的增长，儿童在一定的社会生活和教育条件下，经过三四年的时间，已从一个软弱无能的个体发展到能够直立行走、广泛操纵物体，进行初步的语言交际，并且能够从事一些游戏活动。在此基础上，儿童便逐渐进入了学龄时期。在这个时期，儿童随着身体的发育成长，心理发展的速度也在加快，在不断增加对客观事物接触的过程中，对事物的认识逐渐由直观表象的形式向逻辑思维发展。

2. 阶段性和连续性特征

儿童的心理与生理发展有着明显的阶段性和连续性的发展特点。一般而言，在正常的情况下，儿童的生理和心理的成熟与发展都要依次经历各个不同的阶段，在各个不同的阶段都有着相对独立的各自的发展特征，并表现一定的个性。儿童期虽然经过生理和心理的发展，但仍处于不成熟期，还不能经常有意识地控制和调节自己的认识和行为，有目的、有系统的独立思考能力相当差，其一般心理过程带有很大的随意性、模仿性、盲目性和波动性。

3. 形成最初的个性倾向

一般而言，儿童在经历了学龄初期这一阶段，通常都会受到强烈的外在影响，其中教育是最大的影响力来源。儿童经过教育影响开始形成最初的个性倾向，向逐渐具有一定的认识能力、意识倾向、知识经验、兴趣爱好、性格意志、决策能力等方面发展。

二、儿童心理需求转变特征

儿童的消费心理是随着心理的逐渐发展成熟和对消费需求能力的提高及对消费品的认识发展而不断发展变化的。

1. 从纯生理需要逐渐向带有社会内容的需要发展

儿童在幼儿期（3~6岁）对消费品的需要主要是生理性需要，如小孩饿了要吃，渴了要喝。随着年龄的增长，需要的欲望逐渐发展为带有社会性的需求。小孩到六七岁，也就是进入学前班和上小学以前，他们开始在周围的小朋友中或是同学中比较各自的物品，这种比较是直接的、具体的。如：我的玩具比你的好玩，你的衣服比我的漂亮，这说明儿童能为自己树立目标，也能赞赏别人使用的某些东西的品质，并能说明自己为什么喜欢或不喜欢的原因。这种情况说明了，随着年龄的增长，儿童的消费行为加入了有意识的成分，消费欲求开始逐渐向带有社会内容的需要发展。他们的这种发展变化主要表现在：所需购买的消费品中逐渐增加个人的意识，尤其在选择商品的花色、式样上表现得更为突出，常常表现为对某一商品喜欢或不喜欢；外界影响（如广告）对消费品需求选择上的作用逐渐增大，其目的性开始向不自觉的竞争方面发展；在消费过程中逐渐形成了对所接触到的消费品，特别是同群儿童的消费品的评价意识，初步形成了为自己选择消费品确立目标，并能找出一定理由的能力。

2. 从模仿性消费逐步向带有个性特点的消费发展

在幼儿期，儿童的模仿性消费心理很明显，他们模仿长辈，模仿哥哥姐姐，也模仿同群儿童。如有的小孩在幼儿园看到同班小朋友带什么好吃的，或是玩了什么玩具，回家后便向父母要同样吃的东西或同样的玩具。随着年龄的增长，自我意识的不断形成，其个性心理不断地在商品消费上表现出来。他们的消费心理已逐渐由模仿性消费心理，向按照自己的需求愿望方面发展，购买商品时具有一定的动机、目标和意向。

3. 从情绪不稳定消费逐步向情绪稳定的消费发展

儿童初期阶段，在其模仿性心理的作用下，消费心理是很不稳定的，表现为消费情绪受外界消费因素影响大。主要表现为：容易变动，对外界事物时而喜欢，时而不喜欢，容易向相反的方向转化；容易感染，即容易受别人的情绪感染，别人高兴自己也高兴，别人喜欢的东西自己也喜欢；容易冲动，易受一时感情冲动的影响，情绪也常流露于外。他们穿用的物品如果受到别人的表扬，就会表现出特别高兴，对物品也倍加爱护；反之会把自己的不满情绪发泄到用品上。

4. 从依赖性购买行为逐渐向独立性的购买发展

儿童在其最初的消费行为活动中，具有很明显的依赖性。这主要是因为其购买能力还没有完全独立所决定的，且年龄越小，独立意识及能力就越小，依赖性就越大。在这期间，尽管儿童的消费心理逐渐向成熟发展，但其成年人的消费观念仍起着决定性的作用，如购买学习用品非常相信老师的话，购买生活用品带着家长的明确购买目标。当儿童进入学龄期后，他们在独立购买一些小食品、小玩具、小的学习用品等方面，不仅能较充分地反映他们的购买欲望和要求，同时也逐渐具备了独立购买的能力，向独立性发展。

三、儿童心理消费欲求特征

所谓消费心理欲求就是指消费者通过某一消费行为希望获取的某种心理上的满足。这种心理上的满足通常都与其心理需要相对应。人的消费行为中除了生理需求之外，更多的是心理或者说精神上的需求，这对儿童来说也不例外。儿童的消费心理欲求由于主体的不同心理状态而有所差异，但总体上来说，他们仍有着某种程度上的共性。男孩与女孩的消费心理欲求是不可能完全一致的。下面我们将以男性儿童与女性儿童的不同消费心理欲求作详细介绍。

（一）男性儿童的消费心理欲求

儿童的最大特点是其童心正炽，在童心的驱使下，儿童会产生出许许多多的梦想，这已为我们任何一个成年人所经历。然而儿童的童心并不阻碍其需求和欲望的产生，事实上，正是这种童心促发了儿童诸多方面的需求，并使其付诸在购买活动之中。儿童必须满足如食物和居住这样的生理上的需要。他们想获得安全感，他们寻求爱、归属感、被承认、被欣赏和友情这些社会需要。他们拥有很多梦想。男性儿童的消费心理欲求，总的来说会在以下六个方面得到明显的表现。

1. 在购买活动中体现出对力量的追求

出于儿童阶段的男孩其生理上尚未成熟，使他们对力量有一种迫切的渴求，这种渴求有如他们希望自己尽快长大一样，具有一种类似的实质性内容。男孩子想竭尽全力向世人宣称：他们是有力量的。体育运动能帮助他们实现这一点，常表现在墙上打球，或是把球投进篮框内，或是把球投到最远，此外还有撑杆跳高、放松活动、爬山等。有力量的感觉也来自于其他方面，如在考试中获取高分，上课时回答问题正确，有思考问题的能力，有概括能力，有悟性等等。男孩子每天都在不断地寻求着能表现他们力量的机会，力量的表现是男性儿童消费者在其消费活动中的重要的心理欲求。商家理应对此有个全面的认识，以便制定出有效的策略，迎合男性儿童对力量的消费心理欲求。当然，就产品本身来说，有力量的象征或表现并不意味着真正能给儿童带来生理上的改变，但是对于有此欲求，且思想处于幻想世界的儿童来说，使产品的设计具有力量的象征意味无疑是一种有效的营销策略。

2. 在购买活动中体现善恶的较量意识

在这个世界上，善良与丑陋、正义与邪恶的较量循环不息，人类在与邪恶的对抗中表现出了永不妥协的英雄色彩，而英雄主义似乎更多的会出现在男孩子的身上，这是性别特征使然。因此男孩子总是希望自己能拥有力量、获得能力，可以消灭真实的或假想的敌人。男孩子的这种天性很难减弱，哪怕身处相对和平的环境里，他们仍会寻找各种途径，以各种形式把自己战胜邪恶的欲望表现出来。他会扮演正义的角色，如果必要的话，他们甚至幻想着去保卫宇宙，这种行为满足了他们天生的或者是在社会中形成了的情感需要。男孩子的这种情感需要不可避免地会体现在其消费活动中。对于能够表现正义与邪恶的较量的产品，他们会表现出由衷的欣喜和追求。一种真正意义上与儿童对正义战胜邪恶的较量的心理欲求相吻合的产品，绝对会受到男性儿童的青睐，而许多成功的品牌产品也正有力地证实着这一点。

3. 在消费活动中追求体现欢乐和刺激

并不是儿童的年幼便决定了他们对欢乐和刺激缺乏足够的感悟和接受能力。事实上，每一个人的儿童时代都是向往欢乐和刺激的高峰期，并且事实也证明他们对欢乐和刺激的领悟和接受能力已远远超乎我们的想象。当然，这也不是说儿童对欢乐和刺激的体味有多么高明，品味有多高层次。相反，他们更多的倾向于一些粗俗、鄙陋的欢乐和刺激。

一个不可否认的现实情况是，男性儿童的内心世界里无不深深地隐藏着对这类粗鄙玩笑的兴趣。在他们眼里，这意味着刺激，意味着对事物接受过程中无法遏制的好奇。另外，我们还经常看到一些类似于身体幽默之类的恶作剧同样能够激发儿童的猎奇心理。很多商家都认识到了男孩子的这种心理，并积极努力地把他们的这种心态引导到商品中来，使他们的这一心理与商品发生某种特定的关联，他们因此而获得了成功。

4. 在消费活动中追求展示自己的勇气

男性儿童要比女性儿童更在乎自己是否具备勇敢的品质，是否能表现出自己的勇气，这是男性主体的最大特点，他们喜欢那种与各种阻碍较量自己的胆量时产生的勇敢的感觉。无论这些阻碍是来自于自然、欲望还是周围的环境。这种有节制的、暗藏着有惊无险的感觉对男性儿童来说是比较有趣的。赛车是一种危险的活动，通过这种活动，男孩子确实感受到了一种超出安全之外却没有危险的体验。很多以儿童为销售对象的商家，在认识到男孩子具有冒险和表现英雄气概的愿望后，成功地加以利用，创造了一次次产品的高销量。特别是国外一些品牌的商家，他们对男孩子这一心理的利用可谓极致。所有这些新鲜玩意儿都具有一些挑战性，一点点无害的危险却换来更大的快乐。这种商品曾经在某些程度都创造出了一时的流行，备受男性儿童的喜爱。

5. 在消费活动中追求以技能获得胜利

不管男性儿童是希望展示自己的勇气、力量或者是其他各种心理，实际上都与男性儿童想成为最好、最有成就、最有能力的心理密切相连。相对女性儿童来说，男性儿童更多的希望自己获得成功，这是一种强烈的欲望。如果我们能够静下心来认真回味一下自己童年生活的话，我们对儿童的这种心理就会有很深的理解。事实上，在儿童世界，获胜心理是非常普遍的。男孩子希望获胜，但更希望以自己的技能获胜。如果太容易获胜，男孩子便会感到厌烦。若是太难，他们又会经常遭受打击，失去信心，转移地方或是活动，以期能在那儿获得成功。

6. 在消费活动中希望表达强烈的情感

一般而言，年幼的儿童在表达其内心情感时直接而外露，比如西方国家的小孩在三四岁的时候就知道说："妈妈，我爱你"，而且经常是早上一个吻，晚上再热情的拥抱。我国的儿童在这方面可能内敛一些，但也相差不远。对于孩子来说，这是一种爱与被爱的需要。但随着孩子年龄的增长，情况会逐渐改变，他们渐渐地变得"隔阂"起来，不再亲妈妈，不再牵爸爸的手。在学校里有朋友，如果让朋友看到妈妈亲吻自己，就会被朋友们指责为太孩子气。归根结底，男性儿童需要自主权，会在比赛中获胜，特别会出现排斥女性儿童的情况。这种情况的存在很自然，但我们千万不要以为随着年龄的增长，男性儿童就不需要爱与被爱。事实上，他们在性别意识、自主意识增强后，发生变化的仅仅只是对感情的表达方式而已。家庭游戏有助于男性儿童与父母之间的沟通，有组织的体育运动也能达到这样的效果。当然，“品牌”也能提供这种情感沟通。我们经常见到电视广告中，一个男性儿童和他的爸爸一起分享一块巧克力之类的糖果，在某种程度上，商品成为了联系儿童与父母之间的纽带。

这仅仅只是从家庭方面说的，事实上，男性儿童在这个阶段的不同心理都需要达到满足。这种达到的成功体现了男性儿童在其消费活动中的心理权衡力。男性儿童需要以一种有效的途径表露情感，我们在销售产品的过程中要为他们提供这种途径，满足其需要就能使产品受到他们的欢迎。事实上，不仅仅只是表露情感，以上所说的男性儿童的心理需求我们都应当加以满足，这正是面对男性儿童商品市场成功营销的奥秘所在。

（二）女性儿童的消费心理欲求

女性儿童的女性意识在儿童时代就可能已经完全由其行为表现出来，特别是对一些事物的看法或取舍问题上，最明显的莫过于她们的消费行为中的性别意识更为突出。当然，女性儿童也可能具备挑战性的性格，她们在精神特质上同男性儿童相似，但女性儿童在追求某种情感的满足方面有着自己独特的方式。

1. 热心于对美的追求

女性爱美，女性儿童同样对美有着执著的追求。在都市化生活的今天，一个女性儿童可能在不到5岁的年龄就懂得了美是一门技艺，孩子对美的追求在很小的年龄时就会在家庭中得到灌输和强调。

儿童产品制造商深谙女性儿童爱美之心的力量。他们懂得其中的奥妙所在，并试图成功的利用她们的这种心理。糖果制造商想到用糖果项链、糖果手镯、糖果戒指来装点女性儿童的形象。甚至连创可贴制造商都开始认识到，只要创可贴的外包装美观新颖，女性儿童哪怕并没有切口或刮伤，也会买一个来作为一种装饰品。男性儿童也一样，但他们喜欢的是另一类外形的产品。

事实证明，儿童产品制造商们的想法是绝对睿智的。他们通过各种各样能展示女性之美、能满足女孩爱美之心情感需要的产品吸引着女性儿童的眼光，成为迎合女性儿童爱美之心可以创造产品销量的有力的佐证。

2. 对于魅力无限神往

何谓“魅力”？一句话，它就是一种迷人的、浪漫的、令人神往的气质。魅力区别于美丽，美丽是一种外在的，而魅力是内外兼具的东西。你无需美丽却可拥有魅力。它是一种吸引力，一种浪漫的感觉，一种能引导你热爱生活的力量。

很可能有人甚至会发出：“小小女孩，对魅力为何物都不懂，何来对魅力的无限神往？”这样的疑问。但研究这一问题很容易进入一个观念上的误区，事实上，人们正在以自身的切实体验理解着每一个词语的丰富内涵。女性儿童同样无需知道什么是魅力就可以对它用行动加以理解，这是一种来自心灵深处的自然产生的情感需求。

我们可能听说过“芭比娃娃”。它是美国马特尔公司推出的一系列深受女性儿童喜爱的玩具的品牌名称。作为成年人，可能很多时候都会对芭比娃娃这个品牌何以如此被女孩喜爱而迷惑不解。

事实上，芭比真正的迷人之处并不是她美若天仙的外壳，而更多的是她非凡的魅力。芭比是魅力的化身，她引导以一种小孩期望的浪漫、积极和乐观的生活态度。通过芭比娃娃，小女孩才开始梦想一种有朝一日她们也能实现的生活。芭比是独立的，她是自己的主宰，没有一丁点儿对英俊男孩的依赖。芭比既可以是一位航行家，也可以是一位女飞行员；既可以是一位医生，也可以是一名空中小姐；既可以是舞会上的皇后，也可以是奥运会的金牌得主。为什么不可以成为这样的明星呢？她渴望尽其所能的在排球、潜水以及当今女孩子所渴望的一切领域里做得最好。这就是永葆时尚的法则：用新潮的方式满足无尽的需求。芭比在孩子面前展示了一个完美的世界：喷气式飞机、一个舒适温馨的家、一辆可爱的汽车以及许许多多的亲朋好友。

一种商业上成功地运用了小女孩追求魅力心理的时尚法则能够带来的巨大成功让成年世界的人无法不惊讶。马特尔公司在这方面做得非常出色，以至于一个8岁的小孩会顽固的认为芭比是真实的，她根本不认为、不觉得芭比是个玩具娃娃。芭比娃娃身上已融入了和女孩子密切相关的性格。芭比触及了女孩子精神世界的很多方面，从寻求冒险到追求独立到树立志向，女孩子同芭比的感情纽带日益深厚。假如100年后再问一个7岁的女孩什么最酷——如果芭比品牌的缔造者那时仍在运用时尚法则的话——她的回答肯定是“芭比”。

总之，女性儿童追求魅力确确实实是一种强烈的内心情感需求，这和男性儿童追求力量、追求勇气是同一码事情，它们本质上没有什么区别。商家只有认识到这一点才能把握住女性儿童商品市场存在的商机，缔造出如芭比一样引领时尚的产品。

3. 希望表露母性情怀

性别特征赋予了女孩独有的细腻、温柔的性格。这使她们心灵深处蕴含着一种想要表现温柔和母性的情感冲动。这种冲动绝大程度上来自天性，但不可否认，自小耳濡目染母亲或其他人对年幼孩子的照顾也起到了很大的作用。这是一种给予和接受爱的深层需求，是一种被他人需要的心理需要。

基于这种心理冲动，女孩子早早就喜欢上了扮演母亲的角色。她们无论是在和自己的弟弟妹妹，还是玩具娃娃，或者和她们的宠物，只要是触手可及的东西一块儿玩耍时，都会表现出天生的母性。正是这种天生的冲动触发了众多天才的创意，造就了一大批成功的品牌。

国外有一种很畅销的玩具叫椰菜娃娃，它的制造商就是认识到女孩子的母性天性后，依此设计的。椰菜娃娃是一个寻求爱抚的胖娃娃，总是张开双臂等待着有人领养她并拥她入怀。那温温软软的身子，鼻子朝天的小脸，新生儿的体质纪录，出生证明，领养证书，一个无家可归的孤儿让人心痛的呼喊，所有这一切，无不在呼唤着爱我吧，收养我！对销售商来说，这一切则意味着快快来买我的产品吧！1985年椰菜娃娃的市场销售额突破6亿美元。

商业上的成功需要市场的证明。椰菜娃娃的成功是市场证明的成功。在面对女孩商品市场营销时，营造母性氛围方面做得越好，她们就越贴近孩子的内心需要。椰菜娃娃的发明者，柴维尔·罗伯特家族的成功印证了这一点。在她们的经营策略中，尤为值得注意的一点在于，所有推出的椰菜娃娃都处在一个“可以做点什么”的年纪，她们会打嗝，会撒尿，会吃饭，也会聊天，会做任何的事情。椰菜娃娃不需要任何的现代科技，却被一售而空。1984年，专门研究有关人类爱抚情感需要的专家、爱抚理论的独立者保罗·荷顿博士曾在《纽约时报》上指出，孩子“需要一种外在于自身的附属物，以便能够给予他们爱抚和使他们得到慰藉”，而椰菜娃娃“正好是孩子可以不断收留的被爱抚的对象”。

这一点正是椰菜娃娃在美国大行其道的根源所在。事实上，除此之外还有很多品牌试图在女性儿童母性心理方面做点文章，他们大多都获得了成功。

4. 希望在竞争中获胜

同男性儿童一样，女性儿童同样希望自己参与各种各样的竞争，并在竞争中获胜。她们希望无论在体力还是非体力领域都能通过自己的努力，从而获得成功，实现自己诸如成就感、控制欲、自豪感等情感需求。

很明显，如同前面所说的女性儿童的各种心理一样，这同样是商家可涉足的领域，其商机不言自明。在这方面有所作为的有很多制造商。其中比较有影响力的且率先而为的应当归于儿童游戏业。

另外，我们还必须认识到，在今日的时尚里，女性儿童也像男性儿童一样追求实力，但她们采取的是不同的途径。在体育方面，她们的实力更多的以优雅的方式表现出来，如她们往往在体操类而不是球类竞赛中取得成就。女性儿童也像男性儿童一样玩征服魔鬼的游戏，但男性儿童常常选择暴力的征服方式，女性儿童却常用说服和感化的办法，目的是引人向善而不是一味征服。她们的确不具有太强的攻击性。

男性儿童和女性儿童拥有那么多的相似之处，但是一些价值观念在他们心中的分量轻重是不同的。约翰·格雷在他的著作《男人来自火星，女人来自金星》中指出，“火星崇尚力量、竞争、效率和成就，而金星更看重爱、沟通、美丽和情意”。孩子们也是如此。了解男性儿童和女性儿童的异同点，将有助于制造商创立和发展成功的品牌。

四、儿童心理的消费形态

儿童消费形态主要是针对年龄较大的少年儿童，这里特指12~18岁之间的儿童。他们也一直理所当然的被认为是时尚接收的先锋，如“耐克”高帮运动鞋，即使是专业运动员也少有穿着，但却能在大街上少年儿童的脚上到处发现。“年轻人的”在厂商那里成为一种重要的诉求，努力使青少年能通过消费获得归属感。少年儿童的消费结构是有着很强的年龄特性的。饮料、零食、运动鞋、快餐这些都不仅仅是必要的生活所需，而是充分体现他们个性与爱好，体现他们对时尚追求的媒介。

尽管少年儿童有着强烈的消费欲望和品牌意识，但是由于这个特定的整体普遍存在着可支配收入不足或者没有的情况，因而存在消费能力不足的问题，他们的品牌意识强但是价格意识同样强。看似冲动的购物后面有着长时间的考虑，或者是和家长软磨硬泡后的获得，经济基础决定消费意识在这里表现为家庭的收入水平决定了少年儿童消费的边界。因此，必须注意的是少年儿童远不是一个模糊的以年龄为主体的总体，他们中也一样存在着消费的分层。这种分层不仅仅是观念上的差异，更有实际消费行为的差异。

1. 消费方向

少年儿童提前进入消费时期，这首先表现在他们每月得到父母给的零花钱，并且由他们自己自由支配。25个城市总体少年儿童每月的零花钱平均为76.5元，更有20%以上的少年儿童每月零花钱在100元以上。以北京为例，中学生每月的零花钱平均为78.8元，一年累计约为950元。这就是说，北京的青少年每年将近有1000元零花钱是由他们自己来决定支配和消费的。另外，家庭收入水平的高低与少年儿童每月零花钱的多少之间存在着明显的联系。家庭收入水平最高的深圳孩子零花钱的水平也最高，在收入水平相对较低的济南零花钱在25个城市中则最少。

少年儿童用零花钱购买图书、文具、磁带、影碟，用于同学聚会、休闲娱乐，可以说零花钱的用途多种多样，充分发挥了零花钱的作用。所有花费中，饮料和零食是最主要的花费去向，其次是文具用品。另外，有36%的中学生经常用零花钱购买自己喜爱的报纸和杂志。男女同学相比，男同学更多的零花钱用于购买运动用品（21%），而女同学的零花钱则更多地用于购买装饰用品（13.5%），这些差异是男女天性不同所导致的。

少年儿童非常喜欢去西式快餐店消费。我们不可否认的一个事实是：当代少年儿童对于西方文化的接纳与“三明治”、“汉堡包”等这些洋快餐落脚并生根于中国大地有着一定的联系。随着洋快餐连锁店一家接一家的建立，国人在用餐上有了更多选择的同时，不知不觉地将它变成了一种休闲方式。尤其是少年儿童，去西式快餐店用餐成为同学聚会的理想方式。在过去的半年里，有64.6%的中学生去过西式快餐店。其中，40.7%的人每月消费一次以上。有父母陪伴的比例为41.9%，与同学、朋友同去的比例为33.9%，而独自一人只为品尝的比例则仅有7.1%。在众多洋快餐品牌当中，“肯德基”和“麦当劳”最得少年儿童的钟爱。去过西式快餐店用餐的人中，只有少数人未曾光顾过“肯德基”和“麦当劳”，其知名度和影响力可见一斑。“肯德基”和“麦当劳”相比，“肯德基”在少年儿童消费群体已显现出一定的优势地位，消费人数比例高出“麦当劳”16.3个百分点。

2. 品牌意识

对这一代少年儿童来说消费已不仅仅是购物，更像是一种情感的宣泄，一种时尚。他们用不着太多的理由就会喜欢一些东西。但是他们在实际购买的时候，大多数人都能明确地意识到理想与现实的距离。

调查显示，少年儿童在消费习惯方面，理性消费者（买东西前经过深思熟虑）、冲动消费者（看见自己喜欢的不用多想就买）、拒绝消费者（不愿购物，只有必要时才去）约各占三分之一。相关分析显示，拒绝消费者中女性的比例要远少于男性。尤其是12~18岁的女孩是市场前卫群体中的先锋。

解读少年儿童群体的消费特点，重点在于其特定的消费结构和求新求异的消费心理。由于可支配收入的缺乏，这些12~18岁的少年儿童在每次购买时都会有一个令自己满意的理由。所谓“流行”是迷惑他们的一个重要诉求。

名牌，尤其是国际品牌，以其强大的资金实力，结合产品推广、形象宣传、文化定位等品牌营销策略，孜孜不倦的影响着未来的一代。发展中国家的新一代，更是他们着力培育的消费群体。没有人能躲避他们，名牌可谓是最大的时尚，少年儿童需要通过名牌获得同伴的艳羡和流行的认可。对于名牌的看法，少年儿童认同度最高的是，名牌是质优价高的组合，但和普通消费者有一定的距离。

在品牌消费观念上，调查对象体现出很大的差异，品牌接受与品牌忠诚合计约占一半，对名牌有逆反、拒斥心理的占16%，中间状态的占35.5%。

品牌意识、购买欲望与对价格的高敏感都使得少年儿童对名牌的一些折价促销手段有着很高的认同度与接受度。他们希望名牌可望又可及，甚至对假冒名牌亦有46.4%的人表示接受，颇有饥不择食的意味。名牌在品牌塑造和选择大众化的市场间确实存在着不可调和的矛盾，这种矛盾在少年儿童的品牌购买决策上表现得尤为突出。

62.2%的调查对象同意“广告做得好的产品对我非常有吸引力”，好的广告对少年儿童的影响非常显著。但只有33.3%的调查对象同意“由明星做广告的产品对我非常有吸引力”。

3. 消费习惯

①洗发水的消费

少年儿童认为头发最能展现个人风采，于是洗发水便成了个人清洁用品中必不可少且最重要的一项产品。超过半数的少年儿童独立选择自己使用的洗发水品牌，完全由家长做主的比例仅为27.6%。从使用频率看，少年儿童使用洗发水较为频繁，41.3%的中学生表示每周使用3次或以上，38.3%的中学生每周使用2次。

从品牌看，少年儿童经常使用的品牌有飘柔、海飞丝、沙宣和潘婷等，这些品牌无一例外的都是国际品牌，无一例外都是黄金时间电视广告的主角。可以说，这些洋品牌已经完全垄断了少年儿童的心理市场。在众多品牌中，飘柔最受少年儿童喜爱，有45.2%的中学生经常使用飘柔洗发水。值得注意的是，沙宣洗发水与飘柔、海飞丝等相比进入中国市场的时间要晚许多，然而它却迅速地抢占了该市场的一席之地，这与少年儿童对它的偏爱不无关系，有32.3%的中学生经常使用沙宣，这个数字远高于成年人。

②运动鞋和服装的消费

少年儿童追求时尚、追求名牌产品的一个重要表现是他们对名牌运动鞋和名牌休闲、牛仔衣的钟爱。耐克、阿迪达斯、彪马等世界知名运动鞋和苹果、LEE等世界知名休闲、牛仔衣，都是少年儿童所向往的。有30.1%的中学生表示他们拥有耐克运动鞋，有18.2%的中学生拥有苹果牌的休闲、牛仔衣。国产商品中，李宁牌运动鞋和李宁牌休闲、运动装是少年儿童所广泛喜爱的，李宁牌运动鞋的拥有比例高达23.6%。“回力”作为中国一个历史悠久的品牌，在市场竞争激烈的今天仍然具有一定的市场优势，15.2%的中学生表示他们经常会穿着回力牌运动鞋。

③饮料的消费

可乐是少年儿童最喜欢饮用的饮料之一。经常饮用可乐的人数多达中学生总体的93.2%，从饮用量看，平均每人每周可乐的饮用量为2.08瓶（听、杯），高出其他饮料的饮用量。由此可见，可乐已成为少年儿童生活中必不可少的饮用品，他们无论是在家中，还是在快餐店，甚至在学校，有可乐的地方便有我们的少年儿童。

汽水、果汁、茶饮品等饮料也深受少年儿童的喜爱。健力宝汽水、汇源果汁和旭日升冰茶等都是国产品牌中的佼佼者，他们具有极强的市场竞争力，同时又都是少年儿童所喜爱饮用的饮品。

④家用电脑的消费

家用电脑在城市少年儿童家庭中已相当普及，15个城市中，36.2%的少年儿童家庭拥有家用电脑。其中，深圳、广州和北京等城市家用电脑的普及率相对较高，尤其是深圳，拥有比例高达69.4%，上海与上述几个主要城市相比，在家用电脑的普及方面显然有些落后，拥有比例仅为30.5%，低于15个城市的总体水平。学习是少年儿童使用电脑的最主要功能，这也是家长为子女购买电脑的最主要初衷。44.1%的中学生利用电脑学习功课，另有42.8%的中学生利用电脑玩游戏。

4. 娱乐喜好

青春的血液是黏稠而富有野性的，在充满压力的校园学习之外，在父母谆谆的教导之余，少年儿童格外珍惜自己可以支配的有限的时间，有时这种时间只存在于上学与放学的路上，在这个时候，阳光灿烂。他们可以尽情地追逐自己的兴趣。一些新鲜的活动以其参与性和娱乐性，深深抓住了少年儿童的心。在世界各地这些活动已迅速成为娱乐热潮，资料显示，1996年全世界有超过1340万人加入单排滚轴溜冰行列，并以51%的年增长率在不断发展壮大，其中大部分是少年儿童。除此之外，还有一种小轮车（BMX）运动也引起了他们足够的兴趣。

调查显示，听音乐、参加其他运动（如跑步、玩其他球类、游泳等）、看电影、在家看VCD、使用电脑（但不玩游戏）、踢足球、玩滚轴溜冰属于高参与度的活动。玩电脑游戏、唱卡拉OK、在家玩游戏机、在外面玩游戏机、比赛骑自行车，在外面看电影、跳舞、玩滑板、玩BMX，参与度比较低。但对于一些时髦运动的如玩电脑游戏、玩滚轴溜冰、踢足球、玩游戏机、玩滑板、玩BMX的喜好程度都比较高。喜好程度与实际参与程度的差距多是因为客观条件造成的，毕竟有些东西玩起来是要有很高花费的。

5. 决策因素

调查结果显示：总体上，在诸多选购商品的因素中，少年儿童观点明确，极少人表示说不清楚。他们最看重的是产品质量，尤其是运动鞋、个人清洁用品、家用电器和饮品等方面，分别有67.1%、66.0%、59.4%和54.8%的中学生表示产品质量是选购商品三个最重要的因素之一。而商品价格和品牌形象则分别排在第二和第三位。由此可见，少年儿童的质量意识较强，他们是追求流行、追求品牌消费的一代，但并不盲目，他们懂得产品质量好坏的价值和意义，如果让他们去购物，他们会在平衡价格与品牌的同时，选择高质量水准的商品。

至于广告形象，少年儿童的关注程度明显不及上述三者。他们似乎不愿承认或者还没有意识到那些制作精良、画面优美的电视广告对他们所产生的巨大的吸引力。殊不知，广告宣传是传递品牌信息和质量信誉的重要途径，那些世界知名的国际品牌正是通过这样的手段逐渐被大人和孩子们所熟悉，熟悉到他们甚至可以将某段广告语倒背如流的程度。

总的来讲，少年儿童购物中最少顾及的因素是父母的意见和同学或朋友的影响。然而，在某些产品领域中，这两个因素又变得相对重要许多。如果让少年儿童去为父母购买服装，或者去购买药品、电视机、洗衣机等家庭用品或家庭物品时，他们会更多地考虑父母的意见。而当选购自己的休闲牛仔衣、运动鞋或糖果、饼干等小食品时，他们会更多地去考虑同学或朋友的建议。这些产品正是同学之间在消费上影响力较强的领域。

6. 消费影响

随着少年儿童独立自主性的不断增强，他们对家庭消费的影响力开始实现。数据显示，在与少年儿童自身生活息息相关的吃、穿、用等方面， 少年儿童对父母的影响最深，这方面的产品是少年儿童影响父母的重度影响区域。

60.7%和54.9%的中学生表示他们在父母为他们购置运动鞋和休闲、牛仔衣时有着非常大的影响或比较有影响，丝毫没有影响的比例仅为16.7%。由此可见，少年儿童的言行正引导着家庭生活模式的改变，他们在家庭消费中的地位越来越重要，他们正逐渐摆脱过去那种“家长买什么，自己穿什么”的老式生活格局。食品、尤其是那些少年儿童主要享用的冰淇淋、糖果、饮料等小食品和休闲食品，他们对父母购买决策的影响也比较大。分别有35.5%和30.8%的中学生表示他们在父母购买哪些品牌冰淇淋或饮品时有着主要的决定权。

除此之外，当家庭添置计算机、电视机等花费相对较大的家用电器时，少年儿童对父母的购买决策也显现出较强的影响力。相比之下，家庭消费品类中，化妆品、家庭常用药品、洗衣机、电冰箱等是少年儿童影响力相对较弱的主要领域，30%左右的中学生对家庭这些产品的购买毫不关心或没有决定权。

第五章：儿童消费市场特征

在今天的家庭决策中，小孩扮演了如此重要的角色并非一夜之功，这是一个持续了多年的趋势，小孩对他周围的环境做出反应——对他父母的观念、对摆在他面前的机会，这一点对每代人都是如此。过去半个世纪家庭结构和态度的变化，主要凸现出孩子不断上升的影响力。从1970年到1995年，双收入家庭增加了一倍。更多的可以自由支配的收入允许父母可以满足孩子的爱好。家庭时间的缺乏默许了孩子更加频繁的要求。

单亲家庭不断增长。由于孩子们更多地承担家务，他们被邀请参与家庭决策。缺少了第二个家长，意味着这部分决策的权利转移到了孩子那里。

混合家庭，包括再婚和几代同堂的家庭的数量正在上升。在再婚的家庭，决策时包括孩子是重建家庭成功的关键。在几代同堂的家庭，孩子们学会了负责任，并受到祖父母的纵容。

社会又不断向孩子投入的愿望，通过新的方式帮助孩子建立他们的自尊，这让孩子变得具有更强的影响力。

孩子们一直在急急忙忙长大——12岁~14岁的孩子想是18岁，而15岁~19岁的又想是20岁——今天他们似乎正在达到他们想要提前到达目的地的目的。有各种各样的因素加速了他们的成长。

由于科技发展因素，过去30年的信息量要超过过去5000年的信息量之和。

儿童们正在变得少年老成。父母为没有出世的孩子阅读；由于婴儿潮父母努力促使他们的孩子快快成长，体育竞争被更早地介绍给了孩子。今天的女孩子比半个世纪以前的女孩出现青春期第一性征的时间要早。文化的多元化达到了历史的最高水平，最新的统计显示，25%的移民是孩子。文化共享和学习其他语言使孩子更有深度和更加成熟。自1990年以后，12岁以下孩子出国旅游的人数上升了11%。这些孩子有了他们父母只有到了成年以后才有的丰富人生阅历。科技促进了儿童文化的发展，改变了孩子对世界的看法和反应方式。流行文化的萌芽已经教会了孩子们无论是对选择还是控制都期望更多一些。

科技创造了对“多一些”贪得无厌的需求。比如说，视频游戏有意设计得很多；玩家只有通过了很多关才能最终获胜——掌握新的策略和技巧最终会让他们征服游戏。

对“多一些”的欲望还扩展到了消费的其他领域。现在的父母偶尔才给予的“额外开支”权，对现在儿童来说已经是必然的了。他们期待更多的额外开销和便利。

根据计生部门的预测，从2006年到2010年的5年间，一波新的人口出生高潮正在涌来，我国面临着第四次生育高峰。新中国成立以后是第一次人口生育高峰，1962年以后出现第二次人口生育高峰，1987年以后出现第三次人口生育高峰，现在是第四次生育高峰。与前三次人口出生高峰相比，第四次生育高峰是在低生育水平条件下的一个小的高峰。我国每年有将近3000万左右的新生儿出生。据不完全统计，每年儿童用品消费约达800亿元人民币。儿童用品市场是目前乃至以后发展潜力最大、收益丰厚的一个产业。所以，了解一些中国儿童市场的特点是很有必要的。

现在的儿童消费群体具有自己独特的个性，他们出生在更为优越的生活环境中，在这个数字化时代，加上他们的记忆力、模仿能力较强，因此他们大多数都思想活跃，个性突出，追求自然、自信、自立和时尚。但自控能力差，依赖性强，动手能力差，往往容易眼高手低。这也是一个更早熟的群体，手中有可观的零用钱，懂得如何支配。目前全国大城市的儿童零用钱平均每月为76元。商家面对庞大的市场潜力，要想在竞争中取得稳定性的胜利，就有必要对儿童市场进行系统的研究。

与成人消费品市场相比较，儿童消费品市场呈现出不同的特征：

一、虚拟世界影响儿童

电视机和个人电脑具有赋予孩子力量、勇气和提高他们地位的能力。但风险与机会同在，在孩子勇敢地进入新世界时，父母需要保持虚拟与真实世界的平衡。

电视是儿童文化的“指挥中心”——影响了孩子的各种选择，如穿什么衣服，听什么音乐。 更多的电视频道意味着孩子观看更多以成人为主题的电视节目。电视节目情节的不连贯性使它很难找到合适的家庭观众。70%的父母说他们家有因特网接入，这些家庭的孩子都在6岁~16岁之间；并且86%的父母说他们的孩子用过因特网。孩子们在家中是网络的“知识权威”，他们正向父母传递文化信息和科学技术。在网络面前人人平等——无论年龄、相貌，这些以及它的直接接入的特点使孩子变得更勇敢。

二、年龄影响儿童消费

儿童阶段是快速成长的时期，短短的几年时间里儿童的生理、心理都会发生显著的变化，这些变化会对儿童的消费行为产生深远的影响。具体影响我们可以从以下四个方面看出来。

1. 商品选择

一个不难发现的情况是，绝大多数儿童的零用钱花在零食上的最多，但随着年龄增长而会逐渐减少。年龄越大的儿童越喜欢购买可乐和面包等。年龄越小的儿童越喜欢买饼干、口香糖或会有赠品的零食。很少有儿童会花钱购买像牛奶、果汁等营养食品。

2. 品牌知名度

年龄的影响体现在品牌知名度上，一般都遵循着年龄越大对品牌的要求越高的这一原则。一般而言，年龄较大的儿童对品牌知名度、产品概念的理解程度较高，而年龄较小的儿童对赠品或赠奖的偏好度较强。向大人提出购买要求时，年纪较小的儿童倾向于商品类别要求，年长的儿童倾向于品牌类别要求。

3. 购买要求频度

年长儿童购买要求频度较低，且多使用功能式如学业成就性的要求策略，因此较具弹性，而年幼的儿童使用感情性的要求较多，凌乱而无定性。

4. 购买要求对象

一般而言，儿童在幼龄阶段都以母亲为购买要求对象。而年龄较大的儿童倾向以父母为购买要求对象，一般来说，母亲对年龄愈大的儿童的购买请求顺服性愈高。

三、家庭影响儿童消费

正常情况下，儿童都是以家庭为生活重心的，特别是处于学龄初期之前的儿童，几乎所有的生活内容都在家庭生活中度过，因此家庭对儿童购买行为的影响非常大。但各种家庭对其小孩的影响是不同的。研究发现，只有少数父母给予子女“消费目的”教育，大多数父母仅给予价格和品质等一般的消费教育。而父母的教育程度愈高，其子女对食品附赠品或赠奖方式接受度愈低，购买欲望亦较低，因为他们较易获得指导，对广告的目的有较深入的认识。

在家庭影响中，其主要影响力会因家庭结构不同而有所区分。比如在儿童食物选择方面母亲的影响最大，其次是父亲、兄弟姐妹。家庭对儿童的影响还会来自于亲子关系。我们以母亲为例对此予以说明。

1. 纵容型母亲

一位纵容型的母亲对孩子的影响是多面的。她们不会阻止小孩看电视、玩游戏等等。此类型的母亲觉得广告“并不坏”，“还好”，“对孩子并没有什么坏处，反而能给予孩子多的资讯”。此类型的母亲对小孩子较为溺爱，主要理由是“你只有一次当小孩子”、“让他从购买中学习成长”，补偿心理较强。调查显示，这类母亲的家庭所得属于中上水平，但父母亲忙于赚钱，无暇管教子女。

在这种情况下，儿童会表现出看电视时间较长；对游戏有更多的主动权；对交友有较多的控制权；对商品购买有更大的决策权。这些特点将直接影响儿童消费行为，从而与其他儿童形成明显的区别。

2. 管教型母亲

这种类型母亲与纵容型母亲正好相反，她们是两种状态的极致。这种母亲往往会：控制孩子自由时间的运用；督导并陪伴孩子做家庭作业及才艺进修；为孩子选择玩具、食品、书籍和电视节目等，儿童对商品的决策权低；控制孩子的饮食、进餐、上床时间等。

3. 参与型母亲

一般而言，这类母亲都为知识女性，受教育程度较高。家庭人口数较少，孩子提出要求的顺服性较高，儿童的人格发展和独立自主能力较强。她们对孩子的要求一般都会和孩子讨论，共同决策或和孩子分享责任和目标，如果觉得孩子对问题的答案很敏感或在意，则会用采纳性的解决方式。

四、商品需求差异较小

市场营销学原理指出，消费者购买行为首先受个人因素的影响。成人消费者由于职业、文化水平、个性、爱好、价值观等的不同，对商品需求的差异性较大，使成人消费品市场本身呈现出很大的差异性。因此，厂商们常常需要将此市场按不同因素进行细分。儿童消费品市场却不同，市场主体主要是儿童，尽管由于家庭经济条件和父母对儿童行为的干扰的不同，儿童的购买动机也呈现出某些差异，但总体上来说，儿童由于其文化程度、社会经验等的限制，对商品选择的差异性较小，因此，在儿童消费品市场上可以运用相同或相类似的产品、定价、分销渠道和促销等策略，以达到降低成本，获取最大效益的目的。

五、儿童偏重形式产品

对儿童消费品市场来说，形式产品重于实质产品。消费者的购买行为受购买动机的支配，一般来讲，消费者的购买动机可分为生理性购买动机和心理性购买动机。心理性购买动机按其心理因素的不同又可细分为感性动机、理智动机、惠顾动机等。儿童的购买行为主要受感性动机的影响，表现出冲动性和不稳定性，求新、好胜、好奇等都可以促成儿童的购买行为，如服装上的奇特口袋，食品袋里赠送的小玩具，童车外表模仿动物外形的喷漆花纹等等，都可引起儿童强烈的购买欲望。因此，对儿童消费品应强调产品功能多样，外观造型奇特，包装精美，符合儿童求新、求奇、求美、好动的心理特点。这样的商品放在超级市场的货架上，才能引起孩子们浓厚的兴趣。

六、儿童已渐具购买权

随着中国经济的发展和人们的购买力的增强，二十多年前几乎百分之百地掌握在大人手中的购买权如今已有不少部分掌握在儿童手中。据有关社会调查资料表明，儿童在购买小食品、饮料、服装、玩具、文具等方面拥有绝对的权力，同时，对于一些大件商品，比如自行车、家用健身器材等方面也拥有相当多的权力。他们对父母的购买行为产生着越来越大的影响。在中国，儿童这一购买者角色的作用尤为突出。儿童手中的零用钱越来越多，从前父母给孩子们的零用钱，要求他们积蓄起来直到孩子们有需要和懂得怎么花时才动用；现在的社会是商品经济社会，许多家长给孩子零用钱的目的是让他们学会消费，尽早适应社会。因此，今日的儿童已没有或很少有以往的传统的节约观念，他们在购买商品时也很少考虑价格，很少考虑钱的来源。随着每个家庭中儿童数目的减少，儿童物质条件将会更好，零用钱将会更多，儿童购买能力将越来越强，这也是促使儿童消费品市场繁荣的重要原因。

七、广告的促销作用强

广告对商品促销作用早已被厂商们所认识，所以，许多厂商们不惜花重金做各种各样的广告。广告对儿童消费品的促销作用较成人消费品更为突出。这主要是因为儿童的消费行为转移性强，容易受外界影响，如父母、同伴、同学、教师、厂商等。厂商影响儿童消费行为的最基本的手段就是广告，尤其是电视广告。电视广告对儿童消费行为的潜在影响是由广告的性质所决定的。电视广告通过活泼的形象、鲜艳的色彩、悦耳的声音、诱人的画面，使儿童感受到无穷的乐趣和兴奋，处在襁褓里的婴儿就已经会看电视广告了。据调查，2岁~11岁的孩子平均每星期看17.9小时的电视，平均每天2.56个小时；12岁~17岁的孩子平均每星期看16.9小时的电视，平均每天2.41小时。因此，一些新的儿童消费品要打开或挤入这个市场，广告的反复刺激是一种有效的途径。

第三篇

儿童市场商机引擎

第六章：儿童食品商机引擎

纵观今天的食品市场，特别是休闲食品市场，各类儿童食品占到了较大的比例，其品类多、样式新，什么饼干、果冻、蜜饯等等五花八门，儿童食品消费市场的日益增长，自然给不少商家带来了空前的商机，同时也造就了乐事、旺仔等一批行业的强势品牌。但是随着市场竞争的愈演愈烈，多数儿童食品厂家在营销上普遍存在跟风模仿的现象，更多者由于没有做好深入的市场细分，以致商机丧失、竞争乏力。

我国儿童食品市场从90年代中后期开始进入了一个高速发展时期，随着人民生活水平的逐年提高，儿童食品市场也得到了长足的进步：仅1999年我国的儿童食品销售总额就已达到326亿元，是1994年的儿童食品销售总额的145.2%；2004年仅国内婴幼儿食品消费总量就已接近50万吨左右，儿童食品生产总值近千亿元。儿童食品市场每年基本保持在20%～30%的高速增长水平，对高质量、高价格的儿童食品的需求迅速地增长，是导致了整个儿童食品市场强势增长的主要原因。

在整个儿童食品市场中，婴儿食品是上升最快的部分，从1998年占整个食品市场份额的1.77%上升到占2.04%。婴儿食品市场的发展还体现在种类的明显丰富和质量的极大提高上。单是给婴儿吃的食品泥，就能找到苹果泥、鸡泥等几十种。实际上这一市场的上升趋势也吸引了很多新的生产商涉足其中，而反过来由于有太多的加盟者，导致市场竞争加剧而使产品利润并没有像销售额的增长幅度那么大。

目前儿童食品市场还是以洋品牌为主导，如婴幼儿奶粉市场上，以雀巢、美赞臣、英特儿（多美滋）等为代表的跨国企业，以伊利、三鹿、完达山和光明为代表的国内知名乳品企业和大量的地方性小企业。CMMS的数据表明，在全国30个主要城市中，跨国企业的洋品牌在市场渗透率、品牌忠诚度方面均领先于国内企业。

国产品牌和洋品牌相比，价格要便宜许多。然而在儿童食品市场上，价格并不是最主要的决定因素，安全、品质和营养才是最关键的因素。这导致了在儿童食品市场上，“洋品牌”能够压倒国产品牌。

根据零点调查公司在北京、上海、广州、沈阳、济南、长沙、成都、西安等全国11个大中型城市的精确调查结果表明，在我国目前儿童商品市场上，城镇居民消费结构中，食品类排在第一位，达到44.5%，可见，食品消费在居民消费中所占比例很大。通过调查发现，上海、浙江、广东等经济发达地区城镇小孩的家庭年平均零食消耗额为1400元，由此可以看出儿童食品的市场潜力实在巨大。

一、儿童食品市场特点

1. 儿童食品消费市场庞大

婴幼儿食品消费的快速增长也是拉动整个儿童食品市场发展的重要动力。随着近几年人们物质、文化生活水平的提高，新的育儿方法越来越被家长们重视。婴幼儿是人的一生中健康成长的重要时期，在这个时期能得到合理的饮食与充足的营养，必将为今后一生中体力和智力的发展打下良好的物质基础，近期在全国30个主要城市中对0~5岁的婴幼儿家庭进行的抽样调查显示，63%的父母给自己的孩子喂食婴幼儿奶粉或米粉，这其中，58%的父母给自己的孩子喂食过婴幼儿奶粉，有32%的父母喂食过婴幼儿米粉。据近期的统计调查报告表明，婴幼儿食品的市场需求量近年来约为每年50万吨左右，并保持每年20%~30%的高增长率。而在全国月平均收入在1500元的家庭对小孩月平均消费额已达到532元，月收入达到5000元的家庭对小孩月平均消费额则已达到1135元，每个小孩月平均消费额的50%都用于婴幼儿食品消费，这在90年代中前时期是不可想象的。因此，在中国市场上开发营养丰富、配方科学，易消化、吸收的婴幼儿食品是具有很大潜力的。

2. 家长和儿童重视点不同

儿童食品市场是一个比较特殊的市场。孩子重包装家长重营养。产品的目标消费群虽是儿童，但是儿童的父母却是消费过程中的参与者，甚至是决策者。在调查中，0～6岁的儿童零食购买决策80%是由家长决定的，但6～14岁儿童的70%是由自己决定购买的，因此产品的目标消费群就有两个：孩子和家长。而且这两者的消费心理差异又较大。孩子们认为“产品包装”是最重要的因素，其次是“其他小朋友在吃”，由此可见儿童消费是一种典型的感性消费；而家长属于理性消费，他们则认为“产品是否有营养”是购买时考虑的最重要的因素。

3. 儿童购买地点偏食杂店

尽管目前我国的各大城市都有较为完善的食品零售网络，但调查得知，儿童在食品消费中的购买范围还是普遍偏重于生活区和学校附近的食杂店，其比例累计在80%以上；而超市、自选商场居第二位，比例为17%。在日常生活中，儿童消费者通过各种渠道得到产品信息，并希望迅速得到实现，学校周围的食杂店便成为更迅速的实现地点；对于没有购买决策权能力的儿童，回家以后，在家长的带领下，一般都在生活区周围的食杂店得到满足；至于超市和自选商场，从数据分析来看，主要是在家长和孩子一起购物时的附带消费。这主要是由市场现状决定的。从厂商运作的难易程度及费用上看，学校附近的食杂店最方便和省钱，生活区附近次之，大型超市和百货商场成本较高并比较难以进入。

4. 儿童食品市场存在空白

一个我们大家所熟悉的情况是：儿童食品在种类、规格上很单一，口味少且包装陈旧。以汽水市场为例，现在市场中产品大多数以水果类为主，口味以甜味为主；但是依据对糖果、果冻为产品的口味测试的调查结果显示，60%的消费者不喜欢太甜，而是喜欢略带酸味，同时还有些消费者希望产品中含钙、维生素、锌等营养成分。由此看来，国内儿童食品市场的空白点还很多。

二、儿童食品消费决策

1. 婴儿食品消费决策分析

婴儿食品的使用者是婴儿，但购买决策完全由其父母做出。父母是理性消费者，与价格相比，城市父母给孩子选择食品的主要考虑因素是食品的营养性。而由于信息不对称等因素，家长在其购买行为中，只能通过品牌认可来满足这一需求。因此，可以说品牌是婴儿食品企业的关键成功因素所在。零售商们也反映中高档产品的销量更好，占了市场的主流。 而不幸的是，在这些畅销的中高档产品中，国外品牌占有相当大的比重。半数的家长会选择雀巢产品，三成家长会选择亨氏，而只有16.7%的父母会选择国内最大的婴儿食品品牌——蒙牛。

2. 儿童零食消费决策分析

儿童随着年龄的增长，其在零食购买中的决策力逐渐增强。儿童零食市场的需求购买决策模式明显的按照儿童的年龄分为三个阶段，厂商在促销或广告中都应该针对不同年龄段儿童食品市场中的角色分工采取相应的措施。

①0~3岁市场：儿童是使用者，但几乎父母是完全的购买决策者。厂商应对父母诉诸理性诉求，强调产品品质、价格等产品属性中的优势环节。

② 4~10岁市场：儿童是需求者，也是购买决策的强力影响者或决定者。厂商应对儿童采取感性诉求，引起孩子的购买欲望，同时对其父母诉诸理性诉求。如此采用三角诉求的方式，使得家长与孩子在购买行为中产生良好的互动效果。

③11~16岁市场：零食的需求方与购买者基本上都是儿童自己。好吃、好玩是孩子最关心的内容，其他诸如价格、营养性都在其次，因此厂商应该抓住儿童的需求特点对其采取感性诉求。

附图：零食需求—决策模式

	0~3岁	4~6岁	7~10岁	11~13岁	14~16岁	总体
父母决定并购买	65.2%	22.0%	9.8%	3.3%	6.0%	19.8%
父母提出购买，孩子选择	6.5%	2.0%	2.0%	1.6%	2.0%	2.7%
父母和孩子共同决定并购买	13.0%	24.0%	27.0%	16.0%	4.0%	17.1%
孩子提出自己喜欢的，然后与父母商量	13.0%	44.0%	41.2%	21.3%	12.0%	26.1%
都是孩子自己决定并购买	0.0%	6.0%	19.6%	54.1%	64.0%	30.2%

资料来源：北京艾索市场咨询公司2007年度儿童生活与消费状况分析报告。

3. 儿童食品信息传播渠道

儿童食品行业的信息传播方式明显不同于儿童其他行业，销售终端是儿童食品最重要的信息渠道。仅超市就让六成儿童了解所需食品的信息，这一比例远远大于其他诸如广告、口碑等信息渠道。而且，超市的食品陈列不仅提供了产品的信息，还可以直接使儿童将其购买欲望转化为购买行为。因此食品厂商应该将促销的重心放在终端上。

附图：儿童食品信息渠道

	0~3岁	4~6岁	7~10岁	11~13岁	14~16岁	总体
超市	69.6%	68.0%	62.7%	46.7%	60.0%	60.7%
广告	28.3%	22.0%	29.4%	30.0%	34.0%	28.8%

同学	2.2%	14.0%	29.4%	36.7%	42.0%	25.7%
电视	17.4%	38.0%	17.6%	16.7%	22.0%	22.2%
父母	17.4%	10.0%	23.5%	6.7%	2.0%	11.7%

资料来源：北京艾索市场咨询公司2007年度儿童生活与消费状况分析报告。

三、儿童食品市场现状

1. 儿童食品宣传有待规范

一些儿童食品生产厂家已将广告宣传作为主要的促销宣传手段，甚至对家长和孩子进行误导宣传，任意夸大产品的营养功能，“增智”、“增高”、“变聪明”、“提高学习成绩”等，并在食品中添加玩具、卡片等物品，在广告中刻意重点宣传，由于这些广告宣传定位主要是孩子父母及儿童，而儿童辨析能力较弱，对这些广告往往全部接受，所以孩子们总是盯着广告吃食品，而大部分产品质量往往不能够得到保证，所以儿童生产厂商应在广告宣传方面自律。

2. 安全问题已成发展阻碍

现在一些所谓的儿童食品添加剂超标现象严重，如过量添加人工色素、香精和防腐剂等，这些添加剂容易对儿童肝脏、肾脏、血液系统形成危害。还有很多膨化食品，儿童长期食用会造成油脂、热量吸入高，粗纤维吸入不足，同时会影响儿童正常饮食，导致多种营养得不到保障和供给，易出现营养不良。儿童食品安全问题已是不容忽视的问题，近期调查报告显示82%的消费者对食品安全存在担心，可见食品安全问题已迫在眉睫，其中儿童食品安全问题尤为突出。目前儿童食品中存在的不安全因素主要包括：由于化学合成物质过量使用，增加了儿童食品中不应有的化学物质种类和数量；农业生产中农药的广泛使用，导致儿童食品中农药残留量过高；饲料添加剂应用量过大或使用不当，使儿童食品生产原料中的饲料添加剂含量超标；工业排污造成水、田污染以及食品包装材料中的制塑剂、油墨对于儿童食品的不安全影响，甚至眼下仍有儿童食品生产企业将玩具、卡片等与食品混装等现象。

对于儿童食品中出现的种种质量问题，主要来看，一方面是一些食品生产企业为了降低成本，牟取暴利，忽视食品质量所致；另一方面是由于我国儿童食品安全方面的标准低，法规起点低，过于陈旧、零散而不成体系，在很多方面甚至是一片空白，从而造成儿童食品市场混乱。

3. 儿童食品品牌竞争状况

各类儿童食品的品牌情况（以下数据均来自中华全国商业信息中心统计数据）：

①膨化食品

市场三大主力品牌上好佳、旺旺、乐事继续领跑：其中综合占有率分别为20.23%、15.1%、10.49%，总合计占市场的45.82%；其中销售份额分别为28.66%、19.27%、14.62%，总合计占市场的62.55%。在膨化食品中领导品牌体现出起步早、发展快等特点，已具有带动产业发展的导向作用。

②糖果

目前糖果市场除老牌强势品牌徐福记依旧是市场老大之外，新兴糖果品牌雅客、金丝猴、阿尔卑斯等品牌以维生素糖果为卖点，迎合现在大众追求健康品质的需求，成功进入市场并占有一席之地，成为近期糖果市场的热点。徐福记的市场综合占有率、市场销售份额分别为20.53%、34.02%，均稳居榜首；雅客、金丝猴、阿尔卑斯的市场综合占有率分别为9.91%、9.85%、9.34%，市场销售份额分别为7.47%、6.96%、7.48%，市场表现良好。

③巧克力

外资品牌由于其在品质上的优势，在高端领域牢牢占有一定市场份额。其中德芙、吉百利由于进入早，发展快，目前已成为外资品牌在国内市场表现较好的范例。德芙、吉百利的市场综合占有率分别为26.93%、12.75%，市场销售份额分别为42.46%、10.28%。国产品牌金帝作为国产优势品牌，其在原料、口感等方面均不逊色于外资品牌，在市场上也取得了不错的成绩。金帝的市场综合占有率为19.81%，市场销售份额为26.28%。

④果冻

喜之郎一直是果冻市场的领军企业，其产品质量、种类均已是国内同类厂家所追求的目标。喜之郎的市场综合占有率为38.72%，市场销售份额为58.6%。其次，亲亲、徐福记、旺旺紧随其后，随着这些企业的迅速发展，带动了我国的果冻业在一定时期内的高速发展。亲亲、徐福记、旺旺的市场综合占有率分别为11.82%、9.57%、8.34%，市场销售份额分别为10.1%、8.65%、2.79%。

⑤婴幼儿食品

目前我国婴幼儿食品市场主要被外资品牌、国产名优品牌及国内中小品牌所分割。现在市场上以雀巢、美赞臣、多美滋等为代表的跨国企业在市场上比以伊利、三鹿、完达山和光明为代表的国内知名企业在市场渗透率、品牌忠诚度及价格方面占有了一定的优势。据全国商业信息中心统计，市场销售前十名的品牌中，外资在市场综合占有率中的比重为56.95%，内资品牌占的比重为43.05%。国产品牌和洋品牌相比，价格要便宜一些，虽然在婴幼儿食品市场上，价格并不是最主要的决定因素，但在安全、品质和营养等方面外资品牌却是有一定它的优势，得到消费者一定的肯定，这导致了在婴幼儿食品市场上，外资品牌对国产品牌有一定的领先优势。

4. 儿童食品销售渠道现状

我国的儿童食品市场主要有以下五种销售渠道：百货商场、大型超市、批发市场、网络销售及食杂店。百货商场作为原销售主要渠道，现在仍是儿童食品流通的重要场所。国外品牌及国内领先品牌是百货商场儿童食品的主要销售者，由于这些大品牌在质量、价格上比国内中小品牌具有一定的优势，所以作为高端消费者来说，百货商场是其首选。大型超市作为商品重要流通场所，是普通老百姓日常生活必需品的集中消费地，儿童食品在此品牌众多，产品横跨高、中、低各个档次，消费者可选择面较广，销售量巨大。批发市场在城镇及农村地区是儿童食品的主要销售渠道，这里品牌意识较弱，大量充斥着不合格产品，质量及价格都较低，是我国下一步为保证儿童食品安全重点整治地区。网络销售作为新兴销售手段，正处在方兴未艾的阶段，但随着网络消费的不断发展，其市场潜力不容小视。儿童在食品消费中的购买范围还是普遍偏重于生活区和学校附近的食杂店，其比例累计在80%以上。

5. 高端儿童食品份额扩大

随着我国人民收入的不断增加，加上我国从1983年开始实施的独生子女政策，家家户户只有一个小孩，所以现时的家长愿意为养育自己的独生子女尽最大的付出，为孩子追求更高的生活品质。据统计，现在平均每个小孩就能够刺激到至少6人的购买行为，导致现在儿童食品高端产品的市场份额逐年提高。国内部分生产厂商生产的高端儿童食品非常讲究组合、包装，附加值增加得很高，加上国外高端儿童食品的大量进口，在崇洋消费越来越热的今天，儿童食品消费也日渐崇洋，这样就把儿童食品的消费水平又抬高了一大步，高端产品价格已接近国际同类产品水平。

四、儿童食品市场趋势

（一）儿童食品市场需细分

1. 儿童的成长需求需要细分

儿童食品市场是一个比较特殊的市场，儿童重包装，家长重营养。商家要占领儿童市场，首先要在消费心理及习惯上达到儿童和家长两者兼顾。

事实上，儿童食品的市场潜力在以后的时间里将越来越趋向于对科学调理的食品的巨大需求。另外，由于家庭成员上学、放学、上班、下班、学习才艺等因素，回家时间不一，共同进餐的次数减少；加上个人饮食偏好、健康需求及其他因素，食谱也逐渐趋向个人化，母亲可能要因为这些因素，准备不同的餐食。家庭饮食方式既然有变化，相对的厂商对商品的口味及规格的提供也应该随之多样化，特别是对儿童食谱的开发。

儿童是属于“成长型”的消费者，伴随不同的“成长期”，儿童的消费需求自然就不一样，这与相对稳定的成年消费群体不尽相同。因而儿童的产品定位都需要围绕着儿童的“成长需求”来做文章，总体来看：0～12岁的儿童一般在“体格发育”、“智力培育”、“大脑发育”、“品质教育”这四个方面最需要父母及社会的关怀帮助；具体而言，0～6岁的儿童相对需要“体格发育”与“智力培育”方面的相关食品；6～12岁的儿童则偏向于“大脑发育”和“品质教育”方面的食品。因而，这就要求我们的厂商在顺应儿童消费群体的不同特征时，还需针对重点关注的“儿童成长需求点”开发出不同个性的产品来。从目前市场来看，针对“体格发育”和“大脑发育”的产品较多，如乳制品、大脑保健品等，而针对“智力培育”与“品质教育”的产品却较少。有的厂商可能认为那应该是儿童趣味知识书籍才能办到的事情，其实不然。比如现在一些企业针对3岁左右的幼儿专门开发的“数字饼干”其实就很不错，很值得借鉴。因为这些幼儿在享受食品的时候，还能得到父母的教育，可谓“寓教于食”。而针对“品质教育”，我们也完全可以把一些“寓教于乐”的故事等印在包装上面，这对儿童消费者来讲，是难得的“食中受教”的好事。所以，厂商在开发推出儿童食品时，应努力把儿童最需要的“成长关怀”与“生活乐趣”相结合。在满足儿童个性化成长需求的同时，还应注重产品本身的质量、营养与健康。

2. 儿童的消费行为需要细分

从消费行为的意义上讲，孩子和家长这两者在消费心理、购买偏好、购买习惯等方面区别很大。直接购买食品的儿童消费者最注重产品的外观因素，包装设计的风趣、好玩和颜色图案的新奇、鲜艳等都能有效吸引他们的注意力，儿童普遍看好"产品包装"的"新、奇、乐"，并会受周围小伙伴的影响，选择有自己熟悉或喜欢的动物、人物形象的产品购买，其随意性、冲动性很大，对优劣产品的辨别能力也较差，可以说是感性消费的典型代表群。而家长则属于理性消费，他们一般比较考虑食品的卫生、口感、风味、质量及价格等全面因素，并有明显的"品牌产品"购买行为，"产品是否有利于孩子健康"也是其购买时考虑的重要因素之一。一般情况下，0~6岁的儿童零食90%以上是由家长决定、家长购买；而6~12岁的儿童中有70%的是多数时候由自己决定并亲自购买。当然，父母放心儿童亲自购买的通常也只是小食品类。现在，不少的企业在针对儿童消费行为做促销或广告宣传的时候，大多数忽略了父母的干扰因素或儿童的主动因素。实际上，这两种因素都并存于儿童食品的问题现象之中，所以，我们必须针对锁定的儿童群体的年龄特征来展开市场推广，根据不同年龄段的儿童消费群体研究其不同的消费行为表现，根据不同的产品、品牌与市场研究不同的消费群体情况对生产厂家来讲都是至关重要的。

3. 儿童的食品品类需要细分

时下，以儿童为主要消费群体的食品越来越多，儿童正餐外的食品费用已成为家庭的重要开支项目之一，而且儿童食品在孩子们膳食中所占的比例也越来越大。据了解，目前儿童食品分散在乳制品、糖制品、焙烤制品、小食品、饮料、罐头、膨化食品等众多领域中。随着儿童食品品种越来越丰富，作为家长在为儿童选购时也越来越感到困惑。由于儿童食品与成人食品并没有严格的界定，很多家长在为孩子选择食品的时候往往无所适从。而很多包装袋表面花花绿绿、绘有卡通图案的食品深受家长和孩子的喜欢，实际上，这些食品也并不一定适合儿童食用。

儿童的"非主食"食品通常被人们称为"零食"，但是随着人们家庭生活水平的不断提高，"零食"今天已不再是儿童的专利，它已成了老少皆宜、大众青睐的"休闲食品"，所以，儿童食品在某种意义上又是休闲食品的重要组成部分。不过，在"休闲食品"代替"零食"概念的情况下，"儿童食品"与"休闲食品"虽然相得益彰、互为促进，但却没有形成有效的市场区隔、建立各自专属的产业形象。现在不少企业明明专做的是儿童食品，却定位于太笼统的休闲食品范畴，因为“休闲食品”的范围比较广，它包含各个年龄阶段和不同消费层面的消费者群，对老年人、青年人来讲都可以食用。这样一来就严重模糊了目标消费群体，造成儿童消费群体对产品与品牌的认知度不够。所以为了有一个清晰的目标群体和品牌属性定位，企业必须在两者之间进行抉择，而一旦定位于“儿童食品”，将有利于企业在儿童食品产业领域塑造自己的品牌形象、通过鲜明的市场定位建立自己的差异化特色。

4. 儿童的目标市场需要细分

目前儿童食品针对的消费群体主要划分为0~5岁婴幼儿食品及辅助食品的消费和5~16岁儿童食品的消费。现在的家长对婴幼儿的饮食特别注重营养问题，就目前来说0~5岁的婴幼儿食品产品已不单单指婴幼儿奶粉或米粉，在婴幼儿辅助食品领域，通过近年来的快速发展已取得一定的成绩，品种日益丰富，产品特别注重儿童营养搭配的合理性及易吸收性，受到家长们的拥护。5~16岁儿童食品，由于孩子已渐渐长大，已能食用成型的食物，所以这个年龄阶段的食品种类繁多，有部分食品更成为时下年轻人酷爱的休闲食品。

近年来，随着市场的不断扩大，儿童食品的品种已是上百过千，包含了膨化类、油炸类、果蔬类、糖食类等十多个大类。同是一种儿童食品，在不同的目标市场，它的市场反映决不一样，如“小馒头”产品在北方市场就比南方市场要好销些。因为儿童食品多是在地方风味食品基础上进行研制开发的，受地方口味习惯和文化风俗的影响，这就要求我们企业须开发适销对路的产品出来。但具体的品类放在什么市场我们必须深入细分，否则会因“水土不服”影响市场整体发展，这也是不少厂商推出一款食品就全国“撒网”，结果导致了有的目标市场的儿童消费群接受很慢的原因之一。所以，只有针对不同的产品属性，才能开发不同的重点市场，这也是儿童食品营销的关键点。另外，在根据目标市场消费环境确定产品定位的时候，不能只考虑品类的大宗区分，还应细化到每个产品的特征，这样一来才更有针对性。如：我们只按照薯片类来分布市场是不行的，还要根据不同口味的薯片产品来投放市场，比如麻辣味就可以定位于四川，放在广东市场就不太合适了。

（二）儿童保健食品蕴商机

科学、合理的膳食结构是关系到儿童身体健康的大事，也是提高人口素质的基础。目前我国儿童的营养教育还未起步，营养、饮食行为误区正对其生长发育、微营养素营养状况产生不良影响，现在甚至在我国儿童中也常出现缺铁性贫血的营养问题等等。目前我国儿童保健品市场的现实是，产品质量存在着良莠不齐的状况，一方面有些无良的商家为了私己利益向儿童食品市场推出的是伪劣产品，危害后代；另一方面，许多人由于缺乏科学常识，在给孩子“进补”时往往会做出盲目的选择。这使儿童营养不均衡的情况相当普遍，因此当务之急是要提高儿童保健食品质量的档次，如果商家们能及时行动，根据市场发展的趋势来研究开发新类型的儿童保健食品，相信一定能取得相当的效益。

（三）婴幼儿食品强势发展

目前我国婴幼儿食品市场消费水平已达到年50万吨，并保持每年20%～30%的高增长率。随着近几年人们物质、文化生活水平的提高，新的育儿方法越来越被家长们重视。婴幼儿是人的一生中健康成长的重要时期，在这个时期能得到合理的饮食与充足的营养，必将为今后一生中体力和智力的发展打下良好的物质基础，因此，厂商要对婴幼儿所需营养知识加深了解，并以此作为婴幼儿食品开发的重要思路，同时掌握开发过程中碎、软、细烂、新鲜、清洁，忌粗糙、油腻等原则，就能在未来有巨大市场潜力的婴幼儿食品市场抢占一席之地，使该产品在激烈的市场竞争中保持强有力的竞争力。

（四）儿童食品标准将改革

现行儿童食品安全方面的标准和法规存在着起点不高、过于陈旧以及零零散散、不成体系等诸多问题，为此，国家食品药品监督管理局、国家食品标准化技术委员会已于2004年4月在全国重点地区及重点企业实行改革试点。新的儿童食品安全体系将充分考虑到儿童与成人在思维、体质、习惯等方面的区别，对奶粉、儿童保健食品等均将根据不同年龄段的孩子采用不同的标准要求，其中安全性和营养性将成为贯穿儿童食品安全体系的两条主线。

（五）兼顾孩子和家长需求

儿童食品应当最大限度地吸引儿童的好奇心，但同时又要最大限度地让家长对儿童食品的营养和卫生放心。我们知道，儿童消费心理是一种“感性消费”，孩子们认为产品包装最重要；而家长属于理性消费，他们认为“产品是否有营养”是购买时考虑的最重要因素。结合两种不同的消费心理和行为，我们可以对产品开发做如下整合：

产品包装对儿童来说是影响他们消费行为的重要因素。因此可以在产品的外观、包装设计和颜色图案等方面多下功夫，突出“新奇”，以吸引儿童们的注意力。例如将产品形状设计成各种动物或儿童的智力玩具，包装上采用卡通人物等等，争取最大限度吸引孩子的好奇心。

与儿童对包装的重视相对应，对家长来说，产品是否具有营养最重要，所以在产品中要加入一些维生素、钙、锌等元素，同时加大产品营养的宣传，详细说明产品中包含的营养成分；而且在产品包装上要显示出非常干净卫生。在产品口味上，不要纯甜，添加一点酸味，或者是添加一些水果原体。儿童食品不仅仅是吃，而且还包括娱乐、智力开发等附加值，儿童食品营销要朝引导“儿童时尚”的高度发展。开发绿色环保食品，不仅仅具有经济效益，而且具有社会效益，能教育和培养下一代环保意识。提高产品的科技含量，进行儿童食品深加工，不能停留在初级原始产品加工上。

由于儿童食品给予消费者“营养、卫生”等观念，儿童食品还可以向青年和老年人的食品领域进行渗透，比如果冻食品等。及时了解和跟踪儿童的生活形态，了解“新新人类”的生活形态对企业制定营销策略具有重要作用，因为他们正逐渐成为时尚的追随者。

（六）促销要做全方位考虑

对于儿童食品来说，广告促销至关重要，但广告促销必须进行全方位的考虑。这主要包含两个方面：一是要迎合家长的理性消费；二是要满足儿童的感性心理。

实际上，在现今的儿童食品市场上，中国企业的广告存在“非左即右”的问题，儿童食品企业也是如此，要不就是简单的功能阐述，要不就是纯粹精神诉求。如果广告主要是针对家长的——在针对家长的广告和促销方面，就要依据家长“理性消费，非常关注产品营养性”的消费心理特点，在产品诉求方面，强调“有营养”，这一点在婴幼儿奶粉广告中应用较多。但有些广告不知所云，产品诉求模糊，一味强调孩子高兴，母亲自豪，因而无法打动消费者。

广告要善于抓住家长的消费心理，诉求点清晰明确，突出营养、卫生、高品质的产品形象。而对于最终的消费者——儿童来说，他们的消费特点是“感性、从众”。对于新奇的，旁人没有发现的东西，只要好玩，就马上会传遍整个城市；别的小朋友有什么好吃的，自己也要有；别的小朋友在谈论什么话题，自己也决不能落伍。“农夫山泉”曾经推出的小瓶装“对对碰”，在包装上标上十二生肖及其对应性格等内容，在其经典的广告配合下，广大的中小学生广泛收集、谈论农夫山泉的“对对碰”成为当时的消费时尚。

基于这种情况，厂商在儿童食品广告和促销方面，在符合家长理性消费特点的基础上，应牢牢地抓住儿童心理特点来进行策划，充分利用孩子的从众心理和追求新奇的特点，通过某些手段，使自己的产品成为儿童业余生活的时尚话题、道具。

五、儿童食品商店开店攻略

开一家专门经营儿童食品的小型超市或店面，来引导和帮助儿童零食消费者正确选购休闲食品，是一件利好双赢、具有广阔发展前景的创业途径。

（一）入行门槛

大约在5万元左右。

（二）经营模式

目前，在我国专门经营儿童食品的超市或专卖店还不多见，很多儿童食品都混在成人食品中进行销售，并且很多标识并不明显，家长与儿童都搞不清楚哪些适合大人，哪些适合小孩吃，往往只按自己的口味、喜好来进行选择。据了解，目前专门经营儿童食品的店铺还没发现。除了麦当劳、肯德基、比萨饼屋等一些主要针对儿童市场的洋快餐连锁店外，也没有发现一家专门经营儿童食品的加盟公司存在。所以现在也没有现成的成功经营模式可供参考。

（三）经营技巧

1. 选址策略

选择儿童食品商店的店址，是考验一个成功的店铺经营者生意眼光高低的关键，店铺选择错误就会满盘皆输。儿童食品商店面对的消费者主要是小孩，所以店铺可以选在学校附近或者是人流量大的街市上；但如果选人流量大的街道，铺租会比较贵，经营风险也就相应变大。稳健的经营者，选择店铺最好铺租不要太贵。例如：学校门口、公园附近等等。

2. 进货策略

①进货一定要在正规渠道，首先要保证食品的质量，其次要保证食品的安全，有些儿童食品袋内夹带有玩具，就要仔细检查一下这些玩具儿童玩起来会不

会伤人。

②种类要齐全，根据调研，产品种类、数量多的店铺的销售业绩普遍好出很多，原因是儿童都有一种心理，摆得越琳琅满目就越有好感，至于要买什么倒还在其次。经营儿童食品商店，口味的选择非常重要。小孩对于零食的口味变化无常，有时喜甜有时喜淡，加上小孩的口味还会跟风，只要学校里有几个小孩买一种零食，其他小孩不管好不好吃，也会跟着买。由于口味的变化无常，经营风险也就随之加大，如果进了一堆口味过时的零食就会造成积压。经营者对口味的判断是决定店铺盈利与否的关键环节。

3. 陈列策略

①首先要按年龄阶段分类摆放，如0~3岁儿童类；4~6岁儿童类；9~12岁儿童类等；在某个类别里，又可按作用或者功能进行分类，如有保健类的、休闲类的；或者饼干类、糖果类、饮料类；年龄小一些，摆的位置低一些，年龄大一点的，摆的位置高一点，让他们伸手就能拿得到。

②儿童食品的布置要有引导作用，必要的可以加一些温馨小提示，例如儿童食用果冻注意事项、不能用方便面代替正餐、告诉他们哪些零食可以多吃一点，哪些零食只宜少吃等，这样表面看会损失一些生意，但从长远来看，会使顾客对店铺产生信任感，形成固定客户。

③经济类的小包装与礼品类的大包装分开来放，儿童自已消费一般都是几颗糖、几块巧克力或几块饼干的小包装；家长馈赠亲友则是精美大气、稍豪华一些大包装。分得越细，家长越方便选择。

4. 宣传策略

因为目前专门经营儿童食品的还不多见，只要你做到了前面几个步骤，消费者自然会“一传十，十传百”地给你宣传开来，但是做一些适当的宣传工作也是必要的。你可以在墙面上贴一张表，上面用表格注明：例如生姜有助于激发创造力；黄豆有助于提高记忆力；核桃有助于提高思维的灵敏性；花生有助于提高分析能力；洋葱有助于集中精力；小米粥能促进睡眠等，这样能进一步促进顾客对店铺的好感。

5. 投资回报

儿童食品商店的投资不大，通常有5万元就可以了，装修2万元，进货3万元，利润率一般在30%左右。

第七章：儿童服装商机引擎

童装市场是我国最有增长潜力的市场之一，然而，童装业在整个服装行业中所占比例甚小，统计数字表明，目前我国童装产量仅占全国服装总产量的6%左右。专家指出，未来几年全国童装需求量将以10%以上的速度递增，为此打造强势品牌已成为中国童装产业的当务之急。中国国内城镇居民对各式童装的消费量近年来一直呈上升趋势，年增长率为26.5%。随着家庭收入的进一步提高，以及城市居民逐步达到小康生活水平，中国童装市场的消费需求已由过去的满足基本生活的实用型开始转向追求美观的时尚型，部分经济发达的城市，消费者对童装需求趋向潮流化、品牌化。

近期发表的《中国童装产业发展研究报告》显示，中国国内城镇居民对各式童装的消费量近年来一直呈上升趋势，年增长率为26.5%。年童装消费需求量在8亿件左右，权威机构预测在今后几年，每年仍将以8%左右的速度递增，儿童服装利润空间非常诱人，成为中国最有增长性的市场之一。

一、儿童服装市场分析

1. 儿童服装消费分析

儿童服饰与成人服饰相比，虽然单位售价在同一层次上悬殊较大。但是，我们要看到一个事实，那就是，一件衣服，成人能穿几年十几年，或几年十几年才买一次。但孩子就不一样了，特别是城市孩子，随着城市家庭生活水平的不断提高，孩子的成长速度异常加快，根据有关统计，现在孩子的身高，较50年前平均增加了20厘米，生长速度平均增加30%。这一幅度，若放在其他地方可能微不足道，但放在孩子身上，就成了一个经济学上的重要参照物。

儿童主要是指1至16岁的孩子。从小到大，分为幼童、中童、大童，在这一年龄段中，每增加一岁，就意味着衣服至少增加1~3个尺码，也就预示着衣裤、鞋袜等将有1~3次更替。另外，随着从2~3岁起进入幼儿园，孩子已自觉或不自觉地担当了家庭和社会的双重角色，服饰穿着不像整天在家那样随便了，尤其对于家长来说，幼儿园里，孩子的穿着直接体现了家长的收入水平和审美眼光，并每天都要受到小朋友的评价。也就是说，大约从2岁开始，孩子的穿着打扮就显示出了自己的眼光，并在款式和价格上出现了攀比心理。进入9岁、10岁，儿童服饰的需求表现出愈来愈明显的成人化、社会化趋势。

据不完全统计，从1岁至12岁，中国城市家庭的孩子人均消费各类鞋50双，外衣60套，内衣80件，帽子20顶，手套30副，围巾20条，12年服饰的总消费最低3万元，最高10万元，年平均值大约在3~5千元。

纵观目前国内童装市场的消费现状，大体有以下6个特点：

①时尚化主要体现在面料和款式上：面料和辅料越来越强调天然、环保，针对儿童皮肤和身体特点，多采用纯棉、天然彩棉、毛、皮毛一体等无害面料；款式上则追求时尚，亮片、刺绣、喇叭形裤腿、荷叶边等流行元素在童装设计上均有所体现。

②成人化体现在纯色、深色服装有所增多，款式追随成人服装的流行趋势，或时尚成熟或简洁大方，体现“贵族式休闲”。另外，很多服装是成人衣服的缩版，如果放大到成人尺寸，二三十岁的青年人完全可以穿着。

③高档化主要体现在名牌童装占据市场大量份额，“蓝猫”、“米奇”、“巴布豆”等知名品牌在各个城市随处可见，消费者在选购童装时也越来越注重名牌。高档童装已为相当一部分城市居民所接受，市场份额加大。

④两极化体现价位的悬殊差别上，价位在30.40元左右和200元以上的童装多，但在70元至100元左右，款式新颖、性价比又高的童装却很难买到。

⑤大童服装断档严重

从市场上看，几乎所有的童装专柜都没有真正适合13~16岁孩子穿的服装。在各家商场的童装柜台，许多销售人员拿出来的大童服装的款式、设计、颜色与小童服装没有区别，唯一区别是尺寸大一些，中学生穿在身上确实挺滑稽。而一些成人服装品牌看准市场的空白也推出了大童服装，不过从其款式和面料来看，大多数属于成人服装的缩版，而且价格偏高，让人很难接受。

⑥高中档童装品牌仍是大型零售企业销售重心

最新的重点大型零售企业品牌监测数据表明，高中档品牌仍是城市中特别是大型零售企业童装销售的重心，童装销售领先品牌的优势不是很明显，各品牌之间差距不大。外资、合资品牌价位较高，但在大型百货商场中仍收到追捧。位居前十的品牌市场综合占有率之和不到30%，品牌集中度还比较低。

2. 儿童服装竞争分析

根据产业协会调查显示，中国国内城镇居民对各式童装的消费量近年来一直呈上升趋势，年增长率为26.5%。但是童装的价格却一直居高不下甚至有愈演愈烈之势，从而造成童装市场存在着巨额利润。国外的著名的童装品牌已大举进攻中国市场，占有50%的市场份额，其品牌深受儿童的喜欢，如：派克兰帝、米奇妙、史努比。占有50%市场份额的本土童装品牌中70%没有自己的品牌。

米奇妙、史努比、派克兰帝等知名国际品牌以质量、款式等优势占领了童装高档市场，价格一般在200元以上，而国内的品牌多数集中在低档市场一般在100元以下，出现了两极分化，与国际品牌相比差距主要在设计和营销上，国内品牌一直停滞在模仿国外童装色彩、款式水平上，色彩暗淡、款式太过于花哨或单调、对现代流行的牛仔风潮、适应儿童成长的设计、普遍接受的多功能性设计理念不了解，时代感不强，没有重视品牌形象的建立，很少投入经费开发研究，缺乏个性和民族色彩。

儿童发育成长较快，童装穿着周期较短，同时由于童装经营风险比成年服装要小，市场进入门槛比较低，这就使得童装市场形成了多渠道流通，各种经济成分参与经营，竞争将会加剧。

3. 童装发展潜力分析

随着人民生活水平和生活质量的提高，每个家庭在孩子穿着方面的消费投入也是有增无减的。童装行业越来越受到社会的关注。作为儿童市场主要消费之一的童装，其市场潜力与食品、玩具一样巨大。

我国将进入第四次生育高峰期，到2010年，新生儿出生数将进入高峰期，在现有出生数的基础上增加一倍，形成庞大的儿童消费市场。农村人口将逐步向城镇转移，该转移人口通过产业调整有了固定收入后，孩子的衣着需求亦会随之猛涨，每年将增加250万左右的童装潜在消费者。

目前中国1到16岁儿童有3.67亿，年童装消费需求量在8亿件左右，权威机构预测在今后几年，每年仍将以8%左右的速度递增。童装市场将成为中国最有增长性的市场之一。

据有关机构调查统计，在2005年的十大暴利行业中，儿童用品行业是重要的一项。而其中，童装、玩具、食品又占据着较高的比例；特别是童装，从市场上来看，其销售增长速度大大超出日用消费品市场平均增长速度，今年全国童装的产量预计将达到10亿多件。

中国国内城镇居民对各式童装的消费量近年来一直呈上升趋势，年增长率为26.5%，随着家庭收入的进一步提高，以及城市居民逐步达到小康生活水平，中国童装市场的消费需求已由过去的满足基本生活的实用型开始转向追求美观的时尚型，部分经济发达的城市，消费者对童装需求趋向潮流化，品牌化。

近几年中国童装需求呈逐年增长趋势，从消费档次看，由以中低档需求为主转向以中档需求为主，中高档需求也增长迅速。从消费数量上来看，中等收入户、中等偏上收入户及高收入户对各式童装的消费呈现明显上升趋势，而最低收入户、低收入户、中等偏下收入户则呈下降趋势。这说明中等收入群体是童装消费的主体。

4. 童装市场不足分析

在中国童装发展相对繁荣的背后却是消费者的诸多不满。一个很直观的问题是，目前国内童装市场有效需求不足，中童服和大童服的市场存在很大的市场空白。我国童装市场同时存在着"买衣难"和"卖衣难"这种相互矛盾的情况。一方面不同供应商共同感到现在的童装行业越来越难做，另一方面绝大多数顾客感觉给自己的孩子买到合适的衣服不容易。穿童装的是孩子，买童装的却是家长，而这些家长大多是工薪族，名牌童装超出了他们的承受能力；街头摊点的童装倒是中低档次，然而"价廉物不美"，面料和做工都不够好。价格与质量的矛盾，加深了卖衣和买衣双方面的困难。

事实上，国产童装的问题是多方面的。据国内童装专家分析，国产童装的差距，除了生产能力闲置和产品结构失调等问题外，更严重的症结则在于设计观念的陈旧。我国童装业陷入无科技、无理论、无流行的误区。

二、童装市场发展趋势

童装行业在整个服装行业中还比较分散，企业规模较小，整体行业还处于累积阶段。从整个童装企业在市场上的生存状况来看，中低档童装占的比例较大，现阶段大中城市的中高档童装占据一定份额，在中小城市和农村市场潜力很大。

整个童装市场很大，但是品牌童装能涉足的市场还有一定局限，随着国内购买力的提高，中低档童装市场大、品牌童装市场小的现状会逐步改变。

外资企业目前在品牌童装市场占据优势，国产品牌发展潜力大。国外企业实力雄厚，起点高，在中高档童装市场所占份额比较大。随着国际交流的扩大，国内童装企业也在学习中成长，他们的优势是对国内市场比较了解。童装企业表面看起来门槛低，实际上真正生存下去很难，品牌服装之间主要是款式和质量的竞争，企业的综合实力很重要。

从整体品牌童装市场的产品款式来看，休闲是现在童装的主要趋势，童装的休闲主要分为时尚休闲和运动休闲两种。在款式的设计上产品风格趋向成人化、时装化。很多品牌，看上去就是成人装的缩小版，风格和路线与成人装相比很相似。尤其是在那些由成人装品牌延伸至童装品牌的企业，比如衣恋、阿迪达斯和耐克等成人装品牌的产品，在其童装的专柜中，这一点比较的突出。而部分品牌的婴童装和小童装还是以可爱与童趣为主，卡通图案是这些品牌常用的设计元素。如迪斯尼的卡通人物已经在国内市场深入人心。

童装产品整体色彩较为明快。现在童装市场流行的色彩每年变化不大，女童装多为粉色和白色，男童装则是蓝色和绿色的天下。这与人们约定俗成的对儿童色彩认识有关。而且每个品牌每年对色彩都有延续性，而在色彩上的创新只是少数的新品中出现，批量一般不大。

现在童装的色彩已经开始有跟随成人化的趋势，但整体而言还是有选择地跟随。每个品牌基本有自己相对固定的色彩，其主打色很多是不变的，这是品牌风格的延续，童装的色彩在销售中的影响相对还是比较大的。

三、童装营销发展战略

1. 童装品牌策略

市场竞争最终取决于品牌的竞争，只有针对儿童市场的特点以及儿童消费的差异性，并结合企业的目标市场定位，建立品牌市场运作机制，把品牌文化和市场营销策略结合起来，在品牌策划、市场销售推广中注入和提炼新的文化内涵，才能创造具有民族特色的童装。

在这一方面比较成功的案例如德国的SANYU公司的儿童品牌蚂蚁阿诺（ANTANO），看过蚂蚁阿诺动画的人一定会被蚂蚁的小形象、大作为、意志坚定、具有团队精神所感染，蚂蚁阿诺品牌正包含了这些与儿童的共性，在个性上给予儿童启发：一方面生存竞争压力要求“小皇帝”们要有独立自主精神。另一方面在这数字化的时代，分工越来越细必须要有团队的协作精神，新一代儿童有强烈的自我表现意识，是知识丰富并富有协作精神的儿童群体，与蚂蚁的群体性、独立性的风格存在共性，这种风格适合时代潮流，既要有个性又要具有团队精神，与中国传统文化思想相吻合，这不仅适合当前儿童群体的心理特性，也会得到家长们的欢迎。

2. 童装形象策略

企业要在社会公众中树立良好的形象才能吸引消费者来购买商品，童装市场形象营销活动可从市场形象、产品形象、社会形象、员工形象展开和塑造。商场在开展形象营销活动应运用公共关系与政府机构或其他企业联合举办与营销活动有关的公关活动。在方法上确立以消费者为中心，以顾客需求为目的，向顾客提供优质商品和完善的售后服务。如建立儿童小俱乐部或发放小贵宾卡的方式与消费者建立沟通渠道，听取和收集他们对商品和服务的意见，从而建立以市场需求为中心的营销活动。在产品形象中根据企业经营定位，在产品营销方式上可根据不同季节，不同的市场热点，举办童装系列展销或展示活动，形成一个品牌荟萃，系列丰富，规模齐全，价格合理的产品形象来激起消费者的购买欲，从而扩大销售额。在社会形象塑造中，企业可与社会团体和有关组织举办社会公益性活动和服务性活动，以赢得社会公众对商场的好感和信任。而员工形象则要求每个员工行为规范，做到文明经商、礼貌待客使顾客在商场购物有宾至如归的感觉。通过成功的形象营销塑造，使公众对企业的经营商品和服务有一个全新的认识及了解，从而促进企业商誉的提高，带来更多的客源。

3. 童装产品策略

现阶段童装的竞争主要集中在产品的质量、产品特色、产品款式、产品品牌、产品包装等。鉴于童装发展的滞后以及童装设计面临的种种困惑，中国服装集团自1997年起成立了童装设计研究中心，积极推进中国童装设计与国外童装信息的交流、研究、预测，发布童装的流行趋势。他们认为，童装产业包含着非常丰富的文化内涵：童装一要符合儿童生理特点，使服装更好的呵护儿童肌肤，有益于儿童身体健康；二要密切关注儿童期孩子们心理发育、情绪发展的特点，在童装设计阶段就要考虑有益于他们审美素质的培养和审美功能的提高；三是童装款式造型既要适合年轻母亲的心理，又要适合少儿心理特征。父母为孩子购买衣服的心理比较复杂，既要表现对孩子的关怀和慈爱，因而感情型的购买占重要位置；同时又把孩子的穿戴作为自己社会地位的象征，所以对款式造型就必然十分关心。

杉杉童装公司针对6～14岁的儿童消费者，为充分体现新时代的儿童内在精神和美学动感，追求自然、自信、自立、时尚的个性。开发了FIRSKIDS品牌，款式简洁自然、色彩清新，风格上休闲舒适。由于童装周期较短，再加上时装的流行性，周期往往只有一二个季度，因此把握时尚和季节，就成为企业推出新产品的重要依据，2001年杉杉童装公司在秋冬系列中就以我爱大自然、E时代、天才艺术家和欢乐家四个时尚主题推出近百种品牌，包括背心、裤装、背包等服饰产品，取得巨大成功。

4. 童装定价策略

目前本土童装市场发展不平衡，低档市场（100元以下）由国有及大部分乡镇企业占据，中档市场（100–200元）由三资、国有、少数乡镇企业占据，高档市场（200元以上）基本上是三资、进口品牌。三资和进口企业的定价策略主要是采用了“撇脂策略”，以尽可能高的价格将童装投入市场，以求利润的最大化。高价有利于提高产品名声，树立高档产品形象，高价也有可能使销路不易扩大，但由于利润大，在价格战和促销中容易掌握主动权。现阶段虽然我国的童装消费主要集中在中档市场，普遍可接受的价格也在50～100元之间。但市场上已经形成具有很强的经济实力的群体，主要是介于25～35岁的家长，据统计高收入家庭（2500元以上）和低收入家庭（500元以下）在服装消费的支出占家庭消费支出的比率并不存在显著差异，把“科学的童装献给中国儿童”的广告语就使家长不惜重金购买，可见品牌是不是深得儿童的厚爱，品牌的形象、文化、附加值是否给消费者带来利益才是问题的关键。

渗透策略与撇脂策略相反，以低价来吸引消费者，从而打开和扩大市场。国内童装品牌在质量和款式上与国际品牌无法相比，多数企业只能采用薄利多销的营销模式以打开市场，只注重企业的市场占有率的提高。但随着竞争的加剧，童装市场发展到比较成熟时，运用渗透策略必然会造成重大损失。

根据北京某信息公司对北京、上海、广州、成都、西安五大城市调查的数据，进行非参数检验，五大城市儿童消费存在显著差异。因此地区定价策略显得很重要，企业应根据地理位置和消费水平的不同确定不同地区童装的销售价格。

5. 童装宣传策略

现今国内的童装广告，只紧紧抓住儿童好奇、模仿、趋同等心理，千篇一律的“幸福儿童”的面孔填满了整个电视画面。相对于国内千篇一律的“幸福儿童”的广告面孔，国外一些成功的童装广告以其独特的销售主张，深厚的文化品牌，出奇制胜，为我们提供了一些值得借鉴的宝贵经验。

童装与成人装不同，儿童是消费者，家长却是消费的决策者，这加大了市场行销复杂性。随着独生子女人数的增加，家长在子女消费的支出将会越来越大。大多数生产服装的商家还没有真正意识到童装市场存在商机巨大的市场空白。童装市场消费虽以中低档市场为主，但有向高档市场发展趋势，价格的竞争将会最终转向品牌和渠道的竞争，而品牌竞争则表现在品牌文化、风格、行销策略上。渠道的竞争又表现在连锁、自营、加盟等形式，但不管是选择哪种形成，都是要以建立样本店的盈利为先决条件上。建立和发展网络营销，网上服务，是21世纪最新的现代营销观念，为适应世界经济一体化的营销模式，增加企业市场营销能力。商业企业应尽快、尽早地建立自己的电脑网络和直销网络。目前童装市场网络营销还未引起商界的足够重视，许多企业还没有建立自己的网站，这主要受消费购物习惯局限于流通渠道面对面的产品交换形式所影响。总之，经营童装企业的各种市场营销策略都应以满足儿童需要为目的，而企业的经济效益只是在满足顾客需要后给予企业的回报。因而结合企业经营定位和消费者需求，因店制宜、因地制宜、因市制宜地制订童装市场营销策略开展市场营销活动是企业提高经济效益的一个有效手段。

四、童装专卖店开店攻略

儿童服装店已经为广大商家所接受，但这个市场依然是十分广阔。

（一）入行门槛

大约在3万元左右。

（二）经营模式

童装店在经营模式上大致可分为以下三种：

1. 加盟品牌童装，以连锁店的形式入行：一般来说经营品牌童装，走的是中档路线。根据中国的现状，品牌童装店较适合在大中城市经营，需要费用比较多，适合手头资金充足的投资者。

经营优势是：

① 在选址、定位、店面装修、销售宣传上都会得到有力扶持，可以省很多心；

② 安全、质量上得到保证，减少投诉，增加诚信。

③价格较高，利润空间大。

经营劣势是：

①在很多环节上总部包办，可能会不适合本地行情，经营受制约；

②投入资金较多，如若失败则损失较大；

③销售价格较高，目标对象只针对高收入家庭，潜在客户群减少。

2．什么牌子都经营，按自己的眼光或经验进货：目前市面上这种童装店较多，许多店主都是在经营中不断调整思路，凭经验进货。在销售方式上也各显神通，有的薄利多销，有的能宰就狠宰一把，有的比较灵活，不固守成规。在选址上也是根据自己判断，真正做市场调查的还是占少部分。

经营优势是：

① 牌子较多，款式丰富，顾客挑选的余地大；

②销售价格也走中低档路线，比较适合大部分潜在顾客。

经营劣势是：

①选址、定位、店面装修、销售宣传都得自己操心，某个环节稍有失误，就可能影响正常运营；

②质量安全上比较难以保证，投诉可能较多，一不小心可能就毁了小店信誉；

③利润可能较薄，需靠销量取胜。

3．走有特色的路，以区别于前面两种童装店：在资金不够充足，而普通童装店竞争比较激烈的情况下，建立自己的特色，可能是童装店的唯一出路了。

经营优势：

① 因为有特色，可能会起到“以一传十”的效果；

② 避开与其他普通店和加盟店的正面冲突，立足新的市场空白点，创造一个属于自己目标客户群；

③因为有个性，价格可能也会偏高，利润空间较大。

经营劣势：

① 选址需要费一番脑筋，装修也要更具特色，否则不能与销售产品相得益彰；

②要有特色，所花的精力会更多，影响其他正常生活。

（三）经营技巧

1. 选址策略

一定要选儿童活动群体比较多的地方，如高密集度的住宅区附近、医院附近、或经营儿童项目比较多的区域。

2. 进货策略

多进行调查，寻找价格比较便宜而质量又有保证的渠道，与供货商搞好关系，以便有了新样式可以及时拿货，抢占市场先机。

3. 装修策略

要有亲和力，充满童真童趣，吸引年轻的父母和他们的小宝贝。

4. 宣传策略

一般小店最重要的还是靠物美价廉、服务周到、方便实惠吸引顾客，重要的是巩固老顾客，拉动新顾客。必要时可以采取会员制、积分制等方式，也可另想新招。

5. 服务策略

由于经常有很多小朋友的到来，态度一定要亲和，多为顾客考虑，尽可能提供方便。

第八章：儿童玩具商机引擎

中国是全球玩具第一大生产国。2004年全国玩具生产企业就有8000多家，比1985年时的520家增加了15倍，从业人员约350万人，工业总产值超过1000亿元。在20个大类轻工产品中，玩具出口总额排名为第三位，贸易顺差为108.64亿美元。

近年来，随着内地人均收入的增长，内地玩具市场需求旺盛。中国玩具年消费额将以每年40%的速度增长，预计到2010年中国玩具年消费额有望超过1000亿元，这将给玩具产业带来很大的发展机遇。

一、儿童玩具市场潜力分析

儿童玩具是儿童消费的一个大项。随着我国经济的发展，我国城乡居民的消费支出中，玩具类支出尽管难以与食品、服装等消费品的数额相提并论，却始终保持着一个不断增长的良好势头，据有关专家预测，未来几十年，我国玩具市场将会因为玩具要领的延伸、功能的拓展及消费群体的日益壮大，而获得前所未有的发展。

我国儿童市场的潜力主要可以从两个方面看出来：一是儿童人口在我国总额人口占相当大的比例；二是目前儿童玩具在儿童消费中的消费支出比例较小。在消费支出方面，城市儿童玩具人均年消费仅35元，而农村儿童玩具人均消费不足10元。这种极低的消费金额差异，恰好反映出我国玩具消费市场所拥有的难以估量的发展潜力。据相关的调查表明，随着城市居民收入的提高，家长对孩子的智力开发极为重视。给孩子买玩具，是家长表达爱心、对孩子进行智力开发的重要方式。因而，集知识趣味、动手动脑于一体的玩具迎合了城市家长们的望子成龙的心理。有34%的城市消费者对电子型玩具情有独钟，46%的城市消费者认为智能型玩具更有吸引力，20%的城市消费者则青睐于高档的毛绒、布制装饰类玩具。而农村消费对象仍然对传统的玩具类型为主，48%的农村消费者愿意购买电动型玩具，28%的农村消费者愿意购买拼装型玩具，24%的农村消费者愿意购买中低档次的毛绒、布制装饰类玩具。

同时，也有相当一部分人愿意选择既能充分发挥孩子的想象力、创造力和动手能力，挖掘隐藏在孩子们内心深处的潜力，同时也适合成人轻松、高雅的娱乐情趣的玩具。

由于玩具市场潜力巨大以及城乡消费差距的存在，决定了我国玩具市场在今后相当长的一段时间内各个档次、各类品种共存的态势。

二、儿童玩具市场销售特点

中国玩具产品包括毛绒玩具、塑胶玩具、电子玩具、木制玩具、金属玩具、皮制玩具、儿童汽车及其他杂项玩具，其中又以毛绒玩具和儿童汽车最为畅销。

以前，消费者会选购一些传统的玩具如电动型、拼装型或中、低档次的毛绒、布制类玩具。现在，他们对玩具的需求有所改变。

据调查，34%消费者会选购电子型玩具，31%会选择智能型玩具，而23%则喜爱高档的毛绒、布制装饰类玩具。而农村消费者仍以传统的玩具类型为主，35%的农村消费者愿意购买电动型玩具，28%愿意购买拼装型玩具，24%愿意购买中、低档次的毛绒、布制类玩具。

近年来，儿童玩具销售持续看好，出现了以下几个特点：

1．模型玩具——电动模型玩具同样地吸引小孩子及成人，如坦克车、装有警笛的小汽车等等。虽然这些玩具的价格并不便宜，尤其是电动玩具，一般约在70-80元左右，有些甚至高达700~800元，但销路却不错。

2．遥控玩具——具有高科技外表的玩具如发声、发光的电子玩具、遥控玩具和能够说话或做一系列动作的互动玩具等等都很畅销。目前市场上出售的各类遥控玩具接近百种，主要是车、船、飞机等。遥控车约130~500元一辆，遥控船约150~400元，而遥控飞机则在3，400元~16，000元之间不等。

3．塑胶玩具——塑胶已经取代金属、木和陶瓷，成为主要的玩具制造材料，原因是塑胶成本低、处理容易、较为安全和轻便。

4．儿童玩具由季节性转向四季畅销——以往，父母只是在过年过节才购买玩具给孩子，随着人们消费观念的改变，儿童玩具成为一年四季都受欢迎的商品。

三、儿童玩具市场开发方向

新型的电子游戏玩具比普通玩具更具有长久的消费潜力。市场细分是厂商赢利的必由之路。调查表明，在购买儿童玩具时家长主要考虑的因素依次为智力培养、性格塑造和价格合适，也就是说，在玩具促销时最有效的方法是要向消费者阐明该玩具对孩子智力培养、性格塑造的作用和价值，缺少有关玩具信息和内容的服务，就成为了十场细分一个重要的制约因素。

就儿童玩具在以后的发展方向来说，相关的调查呈现出很多方面的差异。调查中，有40%的消费者认为玩具应该向娱乐性发展，38%的消费者认为应该向教育性发展，17%的消费者认为应该向装饰性发展。但是儿童玩具的另外一个非常重要的内容——安全性在以后的儿童玩具消费中也将会越来越受到重视。据儿童医学专家介绍，每年都有大量的儿童因玩玩具不当，造成对孩子身体乃至生命的伤害。因此，几乎所有的儿童家长在他们购买消费时都会把玩具的安全与卫生作为选购玩具的首要因素之一。

各厂商不仅要看到玩具市场的巨大潜力，还要调整观念，提高水准，只有这样才得以在未来的玩具市场上立足。尽管玩具市场潜力大，但随着中国加入了世贸，国外玩具产品的到来，使中国玩具零售市场发生了巨大变化，竞争日趋激烈，中国玩具业面对各方的挑战，要在重重竞争中突围而出，除了要具有创意的头脑、要紧扣市场的脉搏外，更需要了解消费者的心理。同时，中国玩具产品的“进化过程”应和社会同步迈进，向电脑、电子化方向前进。

四、儿童玩具专营店经营模式

（一）儿童玩具专营店投资模式

1. 社区店

社区专营店的经营者可以在自己的居室中辟出10~20平方米的空间。就在自己家中向邻里街坊的孩子出售DIY益智产品，并吸引孩子们前来进行手工制作。

2. 街道店

街道专营店与社区专营店的特征、性质相似，但消费水平略有差别，街道专营店主要是与街道居委会合作，以街道居委会名义投资，既能产生不错的经济效益，又能倡导新风气，起到公益净化的作用。

3. 校园店

如果某学校政策比较宽松，则不妨引入一个适当规模的专营店，校方出面疏通，由学校三产部门联系在校内或学校附近开办，针对学生展开经营。

4. 特色店

投资人可以捆绑多种优势和资源，开办各种特色专营店。例如巧借公园、游乐场、少年宫、图书馆等儿童经常光顾的地方，在上述场所内承租空间开店，或与上述部门联手。另外，公园、少年宫、游乐场本身亦可成为投资主体，将专营店与现有项目共同运营，利用已有的人气和信任度展开经营，将会获得更大的收获。

5. 独立店

这是一种摆脱了人情关系和社会关系的纯商业运作模式，独立专营店适合在城市中心区、闹市区、商业区开设，以完全独立的商业运作面对所有社会人群，再从中产生有效的消费人群。

（二）儿童玩具专营店运营模式

1. 玩具零售店模式

这是最常见的开店形式，向顾客出售自己店内的玩具商品，从中赚取差价利润。

儿童消费在大多数家庭中占有越来越重要的地位，玩具是儿童的主要消费之一。一直以来玩具在人们的观念中都是儿童的专属物，玩具是专以儿童为中心生产的。但是，作为店主必须明确一点：许多儿童并无自己购买玩具的权利，都是其父母或亲戚等人买来后才开始玩耍的，而买什么样的玩具才能最适合他们的“小皇帝”，一直让大人们头疼不已。

所以，玩具销售的首要工作是直接征服年轻父母的心。事实上，年轻父母对玩具的看法和要求是玩具销量好坏的关键所在，因为父母是儿童特别是低龄儿童的直接购买者。一般而言，父母最希望的就是玩具能给自己的心肝宝贝带来欢乐和智力。为了扩大玩具的销售范围，店主需要搜集儿童在成长过程中心理活动发展的特点等相关方面的资料，并针对不同年龄阶段儿童的思维特点向他们分门别类地加以介绍和说明。往往能达到事半功倍的效果。

现在多数的玩具店种类繁多，内地城市的玩具商店的种类也不比沿海城市里的少，质量也不差；但所有的玩具在制造结构上几乎如出一辙，都具有难拆卸、易损伤的局限性，十分缺乏那些像国外玩具那样能拼装、可自由组合的特点，这显然是由于玩具店在计划销售上眼光不够长远。

当然，市场永远在发展，现在许多易于激发儿童的智力开发和创造能力的玩具正在陆续上市，作为一个合格的玩具经营店主也应该多了解有关玩具制造和其结构方面的知识。在店主向消费者推荐新的产品时，由于人们通常对于新奇的事物总持有警戒的心理，即使对方有兴趣也会因此而退缩决绝。所以推销一个颇有新意的玩具，要使消费者从心理和感情上接受它，需要一个从认识了解到逐渐肯定、熟悉的过程，推销人员应尽量避免在顾客毫无心理准备的情况下向对方推销新产品。这种时不可待地向顾客亮出其从未见到的新产品，反而会使顾客产生逆反心理，结果十有八九都是吃闭门羹。

为了使对方更容易接受，推销玩具之前有必要做一些广告宣传以引起顾客的注意。然后将一系列的玩具按品种类型的层次分类进行陈列，让顾客对新产品的外观一目了然。如果说玩具店的容量太小，不能将所有的玩具都摆在柜台上，可以在商店的内外都贴上广告宣传画。

因玩具的销售方式千姿百态，所以在销售工作中应根据实际情况来灵活运用。但无论怎样，只要店主采用热情而又周到的言词和语气，耐心地向顾客讲解玩具的各种用途和功能的特点，暗示这些玩具对顾客孩子的心智成长过程的重要性，自然会激发起那些望子成龙、望女成凤的父母的好奇心和兴趣。这是玩具销售中必须始终贯穿的一条原则，同时也是推销得以成功的前提条件。

2. 租赁玩具店模式

这是主要向顾客出租自己的玩具商品，从中赚取租金以获得利润。

现在，独生子女较多，父母和祖辈对他们宠爱有加，对他们的要求大多数会给予满足，比如满足他们购买玩具的欲望。但现在玩具品种越来越多，价位也越来越高，对于中低收入的顾客来说，一些动不动就要上百元甚至上千元的中高档玩具是可望而不可即的。但如果有了玩具租赁店就不一样了。小孩子们都有喜新厌旧的特点，许多价格不菲的玩具玩不了几天新鲜劲儿一过就不愿再玩了，很浪费。面对孩子买玩具的要求，父母常处于两难的境地。而且玩具多了占用家庭大量空间，随意扔掉又觉得可惜，为了避免这些情况，儿童玩具租赁店由此崭露头角。

“用一定的钱换来更多的玩具”是玩具租赁店所推行的理念，只要在店内办一张玩具租赁卡，花几十元钱就能在其限定的时间内使用各种玩具。这种比较经济的玩法，受到许多顾客的欢迎。作为租赁业务，尤其作为预付费业务，具有现金流可预测、可持续的优势。

市场营销与规划：

①开办初期，市场上竞争者较少，可以采取相对高价高促销的策略，以保证尽快收回成本获得利润。进入成熟期后，随着一些效仿者的加入，竞争的激烈，可再降低成本，吸引顾客。

②做好促销宣传。可以采取针对家长、儿童双管齐下的方法。针对儿童，印刷一些带有卡通人物的传单，文字不需多，但要有煽动力。针对父母，制作的宣传单要侧重玩具店的经济实惠，玩具定期消毒，卫生有保证等等。还可以采取赠送入场券，开业头5天折价服务等方法打开市场。

③经营者可同时提供一种“租玩”服务，即家长只需按玩具价值交一些押金，便可以让孩子把玩具带回家，玩够了再送回来，按天为单位收取租金。

④在租赁玩具的同时还可以增加如出售孩子们喜欢的小食品等附加服务，使玩具店成为一个充满活力的“儿童乐园”，同时也增加了收入。

但是，实际情况中，有的玩具租赁店的确开得红红火火而有的却惨淡经营，最后以关门收场。究竟开家玩具租赁店能不能像自己所想的那样有很大的顾客群，这就涉及到店主的经营能力了，并且玩具租赁店店址选择及店中的品种、店主的想法等因素，对能否形成规模的顾客群有很大影响。

3. 零售和租赁模式

这是第一种经营内容和第二种内容的混合体。一方面店内出租玩具，如果顾客十分喜欢自己所租用的玩具，也可以出售。

投资与运作：

①地点最好设在幼儿园、小学附近，方便孩子们玩耍。租用场地不能太小，面积至少要在100平方米以上。

②玩具使用寿命一般不长，容易坏，因此，在开业之前，应当结合其寿命进行详细的成本核算。定出底线，保证获利。例如，购买一批玩具花去5000元，它们的使用寿命为5个月，则每个月至少应保证收回成本1000元，如果设定成本利润率为100%。那么，每天至少要有67元的收入。

除了玩具销售、租赁修理和清洗玩具的收入，还可以组织俱乐部，以保证玩具店有一个稳定的收入。

第九章：儿童眼镜商机引擎

当前儿童近视的发病率在我国逐年上升，正严重危害儿童的健康。中国儿童近视率在上世纪70年代中期还比较低，约占15%至20%。但现在从小城镇、中等城市到大城市都有逐步上升的趋势，并且明显从儿童高龄组向低龄组发展。

学龄前儿童的近视比率较十年前大幅增长2～3倍，其中6～7岁的幼儿园大班儿童的近视比率，由十年前的7%，大幅上升至18%，几乎5个学童中就有1个近视。可以看出近年来幼儿近视年龄呈现直线下降的趋势，除了视力保健问题刻不容缓外，也显示出儿童眼镜市场备受重视，商机无限的时代趋势。

一、儿童眼镜市场障碍分析

1．家长比较信赖眼科，一般都会先带小朋友去眼科门诊检验眼睛，并直接在眼科验配眼镜。

2．儿童成长速度快，以致儿童眼镜只有短短几年寿命周期。

3．儿童眼镜通常只注重功能性、实用性，比较没有设计取向上的流行魅力。

以上三点刻板印象是可以改变的，对于无心经营者来看是为困难点，但对于用心的商家来说却是销售儿童眼镜的大好时机。

二、把握眼镜门市商机策略

首先我们不可讳言的是，眼科门诊是父母亲带小朋友验光并且直接选购眼镜的主要选择，但是眼科所谓专业验光也都是护士在实施验光过程，并不是眼科医生自己验光的，而多数护士并没有受过专业严谨的视光学教育的。另外眼科诊所的耗时等候等多种因素都是明显存在的。因此对双职工家庭的父母而言，其实并没有那么多时间可以常跑眼科门诊并且一直在等候，所以很多家长准备给孩子配备眼镜时都是第一次在眼科检查验配，之后出现问题或必须更换眼镜时都是到眼镜门市进行后续处理，所以这第二次机会就是眼镜门市应该好好把握的商机，借由提供完整的咨询服务以及专业知识，突显出门市的价值，以取得家长的信赖度。

依常理而言，小朋友活泼好动的天性相对让儿童眼镜的售后服务增加许多，镜片破、镜框歪、螺丝掉、鼻垫需要更换等等问题，都是需要耐心与细心去搏取机会的。再者，儿童成长速度快，一两年就需更换眼镜的高比例，这也是眼镜门市可以把握发挥的良机。以专业的知识，耐心、细心地为家长分析并建议，相信下次家长直接到眼镜门市验配儿童眼镜的机会一定会增加许多。更甚者只要在儿童眼镜部分建立起信任感与忠诚度，那么相信后续的整个家族都会是潜在、固定的顾客群了。因此将眼光放远来看，就不光只是儿童眼镜的市场规模而已！

1. 利用趣味装潢引人注目

长期以来眼镜门市都比较疏忽儿童眼镜这项产品与业务，也因此不会花费太多心力或空间在门市的配置摆设、装潢上进行儿童与成人的有效区分，通常都只是小小一个角落里摆着几副儿童眼镜了事，实在很难引起注意。因此如果可以在装潢摆设上，特别划分出一小块空间，摆些逗趣的卡通人物、布偶，别致新奇的眼镜盒、眼镜链、玩具、儿童图书等突显童趣，会让顾客甚至过路人耳目一新，吸引更多的注意力在其上，从而引发购买欲望。

2. 利用专业分析加深印象

以特殊装潢引发家长儿童注意力之后，如能再以专业的角度分析儿童的生理形态，并建议在选购儿童眼镜时应该注意的层面有哪些将会更有利于市场的开发，例如儿童的头部发育不同于成年人，尤其是儿童鼻峰的角度、鼻梁的曲度，更有明显的差异。因此挑选儿童用镜架时，要注意观察儿童的脸部胖瘦、鼻梁的高低等特征。

儿童鼻梁大多数比较低，应该选择镜架鼻托高的，或选择鼻托可调的活托架。否则，镜架鼻托低，戴上眼镜之后会造成镜框贴在面部、甚至碰到睫毛上的情形。还有儿童眼镜必须有足够的视线领域，毕竟镜框的功能是为了固定镜片，而由于儿童活动量大、范围广，所以尽量不要选择会产生阴影及视线死角的镜框，但也要避免太大的镜框或太长的挂角等等注意事项，以上这些都是眼镜门市应该详细为家长解说的要素，相信经过这样一番分析解说，一定能为眼镜门市的专业形象加分。

第十章：儿童家具商机引擎

随着我国经济的增长、居民收入的提高，为家里的“小皇帝”、“小太阳”打造一间可爱又充满个性的儿童房已经成为不少家庭装修中的一个重要环节。因此，专为儿童设计的儿童家具也越来越受到行业的重视，儿童家具的专业分支化越来越明显。

为了迎合更广阔的市场，使儿童家具更加专业化、规模化、人性化，近年来我国的儿童家具行业发展很快，大概从1998年开始形成了一定的规模，到2001年开始形成独立的门类。最近两年里，不少企业把“青少年家具”这个名词也带入了儿童家具这个行列，充实了这个门类。现在国内的儿童家具中已经出现了一些知名品牌，例如，“多喜爱”、“喜梦宝”、“七彩人生”等。

随着我国儿童家具市场需求的增大，国外的一些儿童家具品牌也纷纷进入国内市场。但是，目前国内市场的外国品牌儿童家具还很少，一些儿童家具品牌在进入国内时为了迎合国内市场，基本上已经实现了本土化或进口板材国内加工。同时由于其价格高于同质量的国内品牌，现在的儿童家具还是国货的天下。某商贸公司仅在北京市场上的年销售额可达7000万左右，市场潜力非常大。

虽然目前国内的儿童家具企业已经达到近200家，其中也产生了不少知名品牌，但是很多儿童家具都是成人家具的缩小版、卡通版，真正考虑到儿童需求的还很少。而且，据中国家具协会副理事长朱长岭介绍：“由于受到我国家庭人口和户型的限制，目前儿童家具的消费群体还不大，产品生产量还没有达到形成稳定的独立分支的程度。在生产方面还没有相应的行业标准，在出口时也没有对应的税号。”但是，朱长岭强调说：“在欧美发达国家，由于生活观念不同等原因，专门做儿童家具的企业很少，品牌也不多，行业规模甚至没有国内的大。而我国16岁以下儿童有3亿多，约占全国人口的四分之一，我国家庭对儿童的重视程度也影响着这个行业的发展。可以说，儿童家具的发展潜力还是很大的，只是时机还不够成熟。”

目前国内的儿童家具市场竞争也十分激烈，要想在市场竞争中取胜，环保和设计是取胜的关键。现在的消费者最关注的就是环保问题，尤其是儿童家具，是否环保更是人们关注的焦点。因此，在儿童家具市场上我们不难发现，现在的儿童家具市场是以环保为卖点的原木设计和以迎合儿童心理为主打的卡通设计平分秋色。另外，由于孩子每天都在成长，传统的儿童家具就像童装一样需要不停地更新换代。因此，许多家长不愿意为子女购买合适的儿童家具。为了在竞争中取胜，目前许多品牌推出可以调整高度、长度的儿童家具，大大延长了儿童家具的寿命，也拓宽了自己的市场。

一、儿童家具市场现存问题

1. 国内品牌缺乏市场培育过程

儿童家具虽然在整个家具市场中份额不大，但竞争激烈。目前，国外品牌的儿童家具占国内市场的30%，在国内厂家占有的70%市场份额中，只有30%拥有品牌，70%处于无品牌竞争状态。除北京和上海等大城市外，国内多数消费者在购买儿童家具时不崇尚品牌。品牌效益还未显现，到目前为止没有一家儿童家具企业能在市场上占有主导地位，在全国市场上形成霸主地位的。因此，目前儿童加剧的品牌、价格、质量之间没有明显的因果关系。

2. 价格合理性未得到普遍认可

儿童家具大体分为实木和板式两大类。实木家具是在木材表面涂一层透明清漆，基本保持木材的原色，外观质朴。板式家具色彩丰富，可以与多种材料和装修风格相搭配。这两种类别的儿童家具价格一般为：一套板式的基本用品包括床、书柜、衣柜、电脑桌、衣架五件套，需要4000～8000元左右，实木的在万元以上，高出了一般家庭对此价格的认同度，这并不完全是承受力的问题。就美国儿童家具市场而言，在利润不俗的情况下，售价低的为20美元至30美元，而高档货价格在800美元至900美元之间，折算人民币也就6000元到8000元之间，而且高档家具一般都为实木家具。所以国内儿童家具价格的合理性得到质疑也在情理之中。这需要企业和消费者共同的努力，才可以改变这种对峙状况。

3. 儿童家具产品结构不合理

目前国内的儿童家具市场中，产品结构不合理。市场上以中童家具（7

岁～12岁）、大童家具（13岁～16岁）居多，婴儿家具（0岁～1岁）、幼童家具（1岁～3岁）、小童家具（4岁～6岁）以及后青春期家具（16岁～20岁）和青年家具（20岁～婚前）均偏少的局面出现，造成了细分市场不充分，消费者选择范围较窄。不过在近年的广州、深圳和东莞的家具展览会上，已出现了婴幼儿家具、大童家具和青年家具，产品细分已明显开始，预示着儿童家具市场正在走向成熟。

4. 产品的设计水平良莠不齐

在今年的几大展览会上，许多大企业纷纷上马儿童家具，一时烽烟四起。但仔细看来，大多产品依然雷同，差异化不明显。共同的特点是外观略有差异，但家具内部功能单一。另外色彩过于鲜艳，不符合色彩的科学适用原则，只注重了色彩的视觉冲击力，而不懂得色彩对人的危害性，尤其是对儿童的视力和神经发育以及情绪的不良影响。安全性不够，在设计中重视了造型，而忽略了安全性和便利性，如梯子的设计，以及板件端部的倒圆角问题，都未得到根本解决和关注。产品的科学性不够，尤其在尺度方面和操作方便性方面，没有得到细致的考虑。总之，儿童家具产品设计问题是最突出的问题，这个问题不解决，儿童家具市场也很难得到健康、快速的发展。

我国没有专门儿童家具设计研究机构和专业人士的培训基地。同时，企业在对儿童家具的研究上也投入不足。为了急功近利，往往很少有企业花力气和财力研究消费的对象——儿童，关注他们的生存空间，生活习性，学习对家具的要求，储藏种类和数量，以及他们的消费行为、影响因素和接收信息的渠道等，其实这些无不在影响着家具的设计、生产、营销和服务质量。

国内专职儿童家具的设计师几乎没有，大多是从成人家具设计转向儿童家具设计的，因此没有积淀，出现目前的问题也不足为怪。成长需要时间，更需要摔打和失败，相信几年之后才华横溢的儿童家具设计师就会脱颖而出。

二、儿童家具市场发展方向

（一）准确定位

儿童家具企业首先应在大量市场调研的基础上进行准确定位，确定是走高端品牌还是低端品牌的路线。综合实力强的企业可生产种类较齐全的儿童家具；规模小、底子薄的企业可生产专项产品，如婴儿家具，或3~6岁的幼儿家具等，只做市场的一小块，做精做好，甚至可为综合性大厂提供专项配套产品。

（二）品牌战略

企业要投入人力和财力打造品牌，提升品牌的文化内涵，明确品牌的设计理念，通过产品、商标、包装、服务和强势的企业宣传，综合打造自己的品牌。未来的市场，没有品牌是很难生存的。不要只看眼前利益，一看现在的订单都做不完，就忽略宣传和内部提升。其实品牌的创立和维护非一日之功可为，是需要积累和延续。

（三）优质产品

今天的儿童家具市场，之所以不兴旺，之所以有那么多的问题和抱怨，根本的问题还是设计问题。没有太多的卖点吸引顾客，没有多少产品是顾客真正想要的或潜在需要的。设计已成为儿童家具企业的战略制高点。现在，单纯靠技术创新打天下的时代已经过去，一个技术与设计并重，功能特性与情感追求兼顾的"产品文明"时代已经成为企业拓展市场的新的"增长点"，它将推动企业保持长盛不衰的创新能力，引发市场的消费新潮。只有真正能主宰设计的企业，才能真正达到"领导市场"的至上境界。

家具商要注意掌握市场变化，迎合消费者心理：儿童处于生长发育阶段，安全是首先要考虑的因素。儿童家具线条应圆滑流畅，要有顺畅的开关和细腻的表面处理，结构要扎实，以免发生意外。其次是用料和工艺。目前，内地用作儿童家具的材料有木材、人造板、塑料、铝合金等，最重要的是无异味、无毒素。家具的表面涂层，也应具有不褪色和不易刮伤的特点。此外，色彩选用也不容忽视。选用大胆明亮的家具色彩，能激发起儿童的好奇心和注意力，更能培养儿童对颜色的敏感性。另据内地儿童心理专家实验证明，性格较内向而软弱的孩子宜用色彩对比强烈的家具，性格较暴躁的儿童宜用线条柔和、色彩雅淡的家具。造型设计应该灵活多变。色彩鲜艳的方块、三角、圆球等几何形体，形象生动活泼，线条简练，兼有游戏特征的家具，符合学龄前儿童的心理特点。儿童家具应根据人体工程学原理来设计制作，家具尺寸要与人体的高度互相配合，儿童桌椅最好具有能够按照身高的变化进行调整的功能。

儿童家具市场应该细分，具有针对性和差异性。产品种类和功能应能满足不同阶段不同性别的儿童的需要和喜好，同时具有系统性、组合性和延续性，即产品之间能够合理搭配、组合，同时随着年龄和生理的变化还能够进行功能调节和变化，延长家具的生命周期。

如以一个带护栏的婴儿床为例：在孩子还不能自由爬动的时候，护栏只需调节到适合母亲哺乳和方便照顾婴儿的高度。在与之相配套的柜子上可以完成给婴儿换尿布的工作，同时柜子里还可以装纳婴儿日常用的物品。当婴儿会站立行走后可以把护栏完全升起，而在孩子六七岁以后把护栏拿掉，再把可拆卸的床腿拆下一节，就成为了一个舒适的儿童沙发，旁边的柜子则可以用来收藏玩具。

（四）合理定价

目前儿童家具市场发展两极化现象明显，即一方面质量好的产品价格偏高，另一方面价格低的产品在做工和款式方面达不到要求。其实儿童家具市场的定价策略应以合理为主。最关键的是细分市场，遵循差异化的原则，开发具有明显特征的产品；在设计上，应用标准化思想，进行系统化设计；以较少的零部件个数实现种类丰富的品种，满足各个儿童阶段心理和生理需要，同时简化管理、生产和营销环节，提高设计水平，提高产品的附加值；其次是降低生产和管理成本，采用先进的制造技术和管理方法，向自己要利润，同时凸现自己的鲜明个性，实现差异化经营。

（五）营销创新

在行销方式上进行创新。目前市场上品牌系列化行销的不多，而且宣传促销手段相对成人用品市场比较落后，方式比较单一，品牌意识不强，没有强调自己的特色，鱼目混珠。市场上儿童家具的品牌专卖店较少。已经开设了专卖店的布局、陈列、装潢都比较陈俗、老土，不能给家长和孩子一个比较赏心悦目的购物享受和参与机会。家具企业应调研儿童房的户型和面积，针对户型的种类和具体面积进行设计，易于摆放，并能合理安排功能分区，方便家长购买。在营销时，可通过不同户型和面积摆放的儿童家具进行展示和宣传，同时制作专业的宣传册，为家长们进行有效的服务，如不同户型如何选择儿童家具，如何配色，如何摆放，如何装饰，如何保养等等。

其实还可以通过会员俱乐部、积分返点或赠服务等方式，搞活营销，我们要善于借鉴其他行业成功的行销方式，吐故纳新，丰富我们的营销手段，改善营销结果。

（六）多项经营

专卖店中经营种类应以儿童家具为主，以玩具、床上用品、灯具、挂件、甚至文具盒等所有的配饰为辅的方式，它们不仅做装饰用，而且在你的店中能够实现所谓儿童用品的“一站式”购物。这在宜家（IKEA）和国外的儿童家具卖场已经是定式了。这就保证了带着孩子的家长当走入你的店中时，自然而然地就被你设计的样板房或提供的所有东西所吸引。

在这样的环境中不仅卖掉了家具，还顺带卖出了其他辅助商品，而且消费者还认为你的经营很周到，富有人性化。就像宜家的创始人坎普拉德在经营家具的同时，宜家店里的餐饮部每年也帮宜家在全球范围内赚取高达16亿美元的营业总额。他的理念就是“饿着肚子做不成好生意”，“同样饿着肚子也没有心情买东西”。所以小茶座便发展成为今天宜家每一家商场一进大门就看到的餐饮部。不仅做到了营销的人性化，还美美赚了一把。

第十一章：儿童药品商机引擎

我国儿童药品十分缺乏，这不但表现在本土儿童药品牌稀少、生产儿童用药的专业厂家寥寥无几，90%的市场份额被为数不多的外资企业瓜分上，更令人担忧的是国内市场90%的药物都没有儿童剂型，儿科医生在用药时靠经验积累，安全隐患巨大，所以市场空间巨大。

一、儿童药品市场潜力巨大

统计数据显示，我国有3.67亿少年儿童，作为药品消费的特殊群体，拥有近500亿元的市场潜力。仅以感冒发烧为例，0～12岁儿童年平均发病率为3.72次，按每次发病5天计算，每天服用3包，即需感冒颗粒剂204.8亿包。少年儿童需要适合其生理特征的药品帮助其摆脱病痛的困扰，中国儿童药品市场实际容量巨大。

二、儿童用药市场现状分析

（一）呼吸系统类现状分析

支气管哮喘的发病率在世界范围内都呈增加的趋势，我国成人哮喘发病率为0.7%～1.5%，儿童要高于成人，为0.11%～2.03%，按此比例计算，全国哮喘患病儿童总计人口约为150万左右。同时，多项调查数据也表明，儿童哮喘的发病率呈上升趋势。呼吸系统疾病是儿科发病率最高的疾病，占了儿科疾病总数的70%以上。

止咳、平喘用药是呼吸系统最为典型的两大类用药，儿童用哮喘药物也一直是国内外企业开发儿童药物的研究重点。

儿童哮喘用药市场规模较大，但抗哮喘用药市场相当成熟，不仅有百年历史的茶碱类药物，也有新一代的白三烯受体拮抗剂产品；不仅有普通的片剂，也有咀嚼片、缓释片和各种类型的吸入剂。国内各类型产品的生产企业较多，但外资企业进入中国时间比较长，有相当的品牌忠诚度，2001年国内抗哮喘用药市场前10位厂家只有4家是国内企业，市场前3名的葛兰素、阿斯利康和勃林格殷格翰公司占了高达46%的市场份额，市场集中度较高。

"顺尔宁"是杭州默沙东公司在国内第一个最先以儿童专用药物身份上市的新一代选择性白三烯受体拮抗剂孟鲁司特钠咀嚼片，2000年，该品的5mg片剂在国内最先作为儿童专用药品上市，用于治疗6～14岁儿童不能单独使用吸入皮质激素类药物控制的轻至中度哮喘。该产品虽口服费用较高，但市场增长迅速，2001年销售额就已达到1810万元。该品几乎全部集中在医院市场销售，零售市场只占很小部分。

"沐舒坦"是勃林格殷格翰制药有限公司在国内上市的盐酸氢溪素糖浆。沐舒坦主要作用特点是不仅能使痰液变稀，还能促进纤毛运动及保护支气管黏膜。由于儿童以痰液较多的湿咳占大多数，所以该品是较受儿童患者欢迎的止咳祛痰药。自1996年勃林格殷格翰公司在国内上市"沐舒坦"以来，国内氨溴索市场发展迅速，盐酸氨溴索属于国家基本医疗保险用药，国家第二批非处方药品，具有良好的临床疗效。我国企业也先后开发出有一定技术优势的产品，像西安安泰药业开发的"卡提索"和长沙九芝堂药业开发的"斯奇康"都属于国家级新药，均有一定的技术含量，虽然市场业绩远低于预期，该品也已成为国内市场上最为重要的止咳祛痰药物品种。国内企业竞相进行仿制开发，江苏常州四药开发的盐酸氨溴索缓释胶囊最早于1994年获得卫生部批文，目前国内已有江苏连云港恒瑞制药、上海信谊、南京长澳、黑龙江奥利达。青岛唐恒药业、山东罗欣制药、北京太洋药业、黑龙江中挂药业和上海爱的发药业等国内企业获准生产。除常州四药、恒瑞制药和黑龙江奥利达制药外，其他全部是进口或合资产品。

国内企业目前能实现从原料到缓释胶囊、缓释微丸、口服液和片剂等多种氨溴素制剂的生产。国内企业尽管在技术上发展很快，但由于国内企业市场营销推广力度不够，还未能形成强势品牌。

另外，值得引起注意的是，医院自制制剂约占儿童止咳药市场的15%左右，而随着医院制剂管理的日趋严格，止咳药医院制剂的逐步退出会给制药企业释放出一个更大的市场空间。

（二）解热镇痛类现状分析

感冒发烧是十分普遍的儿科疾病，感冒药市场产品竞争也是相当激烈。我国解热镇痛药市场的三大产品依次是扑热息痛、布洛芬和阿司匹林，三者的市场份额占解热镇痛药市场的70%左右。而在发达国家的OTC解热镇痛药市场也是扑热息痛、布洛芬和阿司匹林三分天下。

就国内市场而言，上海施贵宝的“儿童百服宁”系列和上海强生的“泰诺”系列已经牢牢地在消费者心中树立了儿童感冒药强势品牌的形象。国内试图与两大品牌直接竞争进入儿童感冒药市场的企业均未获得预期的成功。在一个品牌集中度相当高的成熟市场，同质化的产品很难改变消费者对原有品牌的忠诚，积极开发差异化较大的产品才是有效改变消费者消费习惯的有效手段。南京臣功药业生产的“臣功再欣”，以独特的临床理论和产品配方，取得了临床医生和消费者的认可，在儿童感冒用药市场占据了一席之地。

按临床使用频率计算，布洛芬要远小于扑热息痛、阿司匹林和安乃近。当国内企业都将布洛芬作为消炎镇痛药进行生产销售时，上海强生却发现了布洛芬在儿童退热药市场的发展潜力，成功打造了一个退热药品牌“美林”，取得了不错的市场业绩。该品是继上海强生成功上市泰诺儿童感冒药之后又一个非处方药儿童用药品牌，作为非处方药，该品零售市场还有较大的上升空间。

可以预见，今后布洛芬将会进一步扩大其在儿童退热药市场的地位。

（三）抗感染类的现状分析

从我国医药市场总体用药结构来看，抗感染类用药仍是独占鳌头，约占我国医药市场总额的30%。

与我国医药市场总体用药结构比较，儿童用药市场抗感染用药所占比重明显偏大，这主要是与国内儿科临床用药存在明显的抗生素滥用问题有直接的关系。由于儿童感染性疾病仍是儿童的主要疾病，副作用较小，疗效好的抗生素仍然是治疗儿科感染性疾病的首选，阿莫西林系列制剂是儿科临床最具代表性的一类低毒、高效的抗感染用药。国内儿童用抗感染药主要有以下三大类型：以“安奇”为代表的阿莫西林／克拉维酸钾制剂；以“马斯平”为代表的头孢类和以“罗力得”为代表的大环内醒类抗感染药。另外，由于儿童病毒性感染疾病较多，抗病毒药在儿科应用广泛，其中以“新博林”为代表的利巴韦林制剂，也在儿童抗病毒药物市场占有重要的地位。

儿童抗感染用药是国内儿童用药这一细分领域最大的市场。目前，国外儿童用抗感染药物的开发进展较小，但跨国制药公司新上市的抗生素通常会申请作为儿童用药。国内抗生素生产技术较为成熟，生产厂家众多。近年来，国内制药企业纷纷通过品牌专业定位策略进入儿童抗感染药市场。近两年，华北制药利用现有产品的优势在积极推广“利宝”小儿系列用药，其主要产品为阿莫西林颗粒、硫酸庆大霉素颗粒。国内儿童抗感染用药的开发主要以产品剂型的改变为主，例如，浙江震元制药2002年9月上市的“安素美”（头孢他美酯干混悬剂），该品为水果型（橘子味）干混悬剂，比普通的颗粒剂分散度大，更容易被儿童吸收，是治疗儿童呼吸道感染和泌尿系统感染较好的口服抗菌药，太极集团西南药业重点推出了儿童专用抗感染药“交沙咪”（丙酸交沙霉素颗粒），该品原料直接来自于原研发厂家日本山之内制药株式会社，为草莓芳香型颗粒剂，适合低幼年儿童服用。

Zyvox（linezolid）是法玛西亚公司上市的新型恶唑烷酮类抗生素，通用名“利左利特”。2000年4月，该药获批准用于成人，全球销售额达到1.2亿美元。2002年10月，FDA批准该药用于治疗婴儿及儿童的革兰氏阳性菌感染。

（四）消化系统类现状分析

消化系统疾病是儿童仅次于呼吸系统疾病的另一类常见病，也是高发病。消化系统用药是儿科主要的用药领域之一，目前在这类用药市场上主要以儿童腹泻用药和健胃消食药为主。

由于儿童腹泻多半属于感染型腹泻，临床上抗生素仍是治疗儿童腹泻的一个重要手段，但抗生素治疗有着严重的不良反应，其治疗效果也受到临床越来越多的挑战。近年来，微生态制剂和蒙脱石已成为治疗儿童腹泻的常用药物。

（五）神经系统类现状分析

儿科神经系统和精神疾患有逐年增高的趋势。由世界卫生组织最近进行的研究发现：在世界范围有大约2亿人患有抑郁症（1.2亿人）、癫痫（5000万人）和精神分裂症（2400万人）这三种中枢神经系统疾病。癫痫是世界中枢神经系统三大疾病之一，其中小儿癫痫是儿科神经系统疾病中发病率最高、危害最为严重的疾病，目前尚无特效药物。新型抗癫痫药也是国内外众多制药企业重点开发的一个方向。

抗癫痫药可大致分为老药、经典药和新药。老药包括苯巴比妥（鲁米那）、苯妥英、苯二氮卓类等；经典药物目前主要有丙戊酸钠（德巴金）和卡马西平，是目前临床应用最广的抗癫痫药，其疗效和安全性已经得到确认；另外，国际上又出现了许多新药，如拉莫三嗪加巴喷丁、托吡酯等。从合理用药的角度来看，新药目前主要用于难治性癫痫的补充治疗，一般为次选药物，但国内市场对新一代抗癫痫药的市场接受程度高，以西安杨森的托毗酯（商品名“妥泰”）和葛兰素生产的拉莫三嗪为代表的新型抗癫痫药市场增长迅速。

（六）维生素类的现状分析

随着生活水平的提高，国内维生素市场已从治疗性消费转变成保健性消费，以中美施贵宝的金施尔康和苏州立达的善存片为代表的复方维生素制剂市场增长迅速。同时通过大量的广告推广，培育了一种维生素保健的概念，复合维生素作为改善人体健康状态的一种必须营养素制剂，必会随着市场需求的增长而快速发展。

维生素市场是一个逐步成长的市场，也是一个长期的市场，儿童维生素市场的成长需要精心的培育，“短、频、快”的操作手法只会是拔苗助长、适得其反。

作为两种对儿童针对性较强的营养元素，维生素AD市场也成为了儿童用药市场一个重要的组成部分。浙江海力生药业和山东威海达因海洋生物制药公司充分利用自身的海洋资源优势，通过改进产品的剂型和规格来满足儿童专用市场的需求，其开发的“贝特令”和“伊可新”两大品牌，目前已占到全国市场大部分份额。贝特令是浙江海力生集团有限公司生产的儿童用鱼肝油软囊滴剂，该产品占国内维生素AD产品30%左右的市场份额，该产品的销售终端主要以零售市场为主，零售市场销售比例占了该品总体市场的53%。

第十二章：儿童保健品商机引擎

对于有着几亿儿童市场的保健品产业，市场潜力非常巨大。我国医药保健品企业对于儿童市场的开发与产品的研究也曾十分重视。但由于儿童保健品市场这几年变化比较大，整个行业的快速调整与转化使儿童产品在不经意中暴露出来许多直接的问题，使得市场处于起伏不定状态，儿童产品也没有新的突破，产品老化与配制结构的不合理严重影响儿童市场的发展，导致现在出现产品不能够满足市场的实际需要，市场空白比较大。

一、儿童保健品市场现状解析

1. 专注儿童保健品企业少

许多健康企业开发一些新的产品的时候，很少有听到说要开发儿童产品的，企业认为儿童产品太辛苦，投入与回报没有成人产品来得快，导致动力不足，结果使产品开发力量没有。儿童保健品从企业投资、研发、销售到消费者接受，厂家一直均是处在一个辅助的地位，作为其他产品的一个补充而已。我们经常能够看到一个企业在推动一个产品时，带动老、中、青、幼四个档次，从商业的观点出发这叫差异化销售战略，可以肯定的说，没有一个企业到目前为止在四个档次中全面开花的，只是起到一个展示企业综合能力的作用，也许在一定的范围内挤占了别的产品的一些销售额，但从经营的角度出发，尚没有获取好的回报。客观的说，市场发展到现在，健康产业与市场格局已经有了非常大的变化，营销模式也出现较大的改变，但是，市场上出现的儿童保健品却依然没有改变，儿童保健品往往在营销与实际推广中没有一整套的标准，商家不看好这个市场，关注程度不够。儿童保健品的独立性将很难体现，所以我们经常看到一个产品在苦心经营几年后便销声匿迹。这需要引起健康领域企业与市场人员的注意。

事实上，儿童保健品市场的需求是存在的，企业需要对这个市场多一份关注，从另一个角度来看，成人市场的竞争始终是越来越激烈，在投入与产出上需要的周期也在拉长，从效益的角度来看，儿童市场与成人市场两者的起跑线是同等的，但在目前这样的环境市场下，儿童保健品不能够靠在系列产品中默默无闻的等待，而要靠整合资源来运作。所以从整体力量上来讲，企业要针对儿童市场独立运作，在开发与研究、销售与推广上要有明确的思路与做法。有时候儿童保健品的储备与研制是合理调配企业产品构架的一个好的方向，在品牌的利用与竞争打压对手上是可以有所作为的。

2. 市场经营进入萎缩状态

儿童保健品经营的逐步萎缩是有目共睹的，这不是儿童市场消费不旺或潜力不够造成的，主要原因是我们的儿童保健品市场在转型，在经历过一段时期的儿童保健意识调整后，逐渐在消费构架上出现波动。一方面消费需求不再需要即时的补充，另一方面消费需求走向回归，走向自然的健康观念将触动消费构架的变局，所以传统产品的整体经营在慢慢萎缩已经成为必然。无论我们对于市场如何炒作，都将不可能有长线的回收，从商业利益讲，现在的局部利益是不能够当作代表来衡量的。

3. 消费决策引导难度加大

家庭消费与市场作用的兴趣在下降，由于成人的消费是占有主导作用，需要的时候比较直接，尤其是在健康上面，比较关注对外界健康的影响力，而儿童自主消费健康产品的可能性不大，也是直接营销没有结果的原因。做儿童保健品需要做几个方面的引导：一是家长的，并且是主导的；其次才是儿童自己，所以困难比成人要大很多，这也是商家止步的原因所在。

4. 市场进入复合消费盲区

儿童保健品已经由单一走向复合型，单一时代的产品渐渐被市场所淘汰，保健产品复合型时代的到来将被看成是产品结构调整的好时期，其实消费观念的转变在一瞬间，在我们还没有完全看清楚市场需求的真正面目的时候，就急于把所有产品的含量复合化，也是目前儿童产品的一大弊端。看似消费者对产品注重于整体含金量，其实这是一个盲区。简单追求产品的复合性能会产生副作用，主要是复合性的产品不能够对消费对象有固定的突破。比如我们在市场中看到的维生素产品，多数为复合型产品，但真正促动购买的是因为缺少其中的一项而消费的，所以走复合型的产品消费不能够全面代替，需要突出功能的合理配比与消费习惯。

5. 产品功能开发过于集中

儿童保健品在专项开发上过于集中，是一个保健时代无力的表现，我们看到在儿童保健品上有过几个特殊的时期，比如智力开发时期以“三勒浆”、“脑轻松”和“忘不了”为代表的学生产品在考试前期这一特定时间的销售高潮；比如全面的儿童补钙时期，以“盖中盖”为代表的补钙产品，曾经全国儿童都补钙的现状历历在目，企业在儿童产品上没有突破的情况下，许多企业在开发儿童产品中均以补钙为先导，结果补钙的儿童产品大量繁衍。后来在补钙完成后，补充其他的如补锌、补铁等，对于产品的开发都过于集中在一个领域，影响儿童身体与健康诸多领域的健康产品很少有引起探讨与研究的，对于儿童本身的需求没有基本的了解，结果在儿童产品上就没有突破。在儿童健康产品研发的市场基础上缺少技术更新，力量相对较弱，也许产品的开发与推广需要配合特定时期的消费习惯，但在一个时期中如果专项开发过于集中的话，对儿童产品的发展是不健康的，也不会有比较大的收获。

二、儿童保健品市场发展趋势

1. 市场需求寻求改变

目前中国的保健品市场，中老年产品日渐饱和，市场竞争激烈，女性产品开发较快，积累缓慢，健康产品在市场变革当中发现，儿童产品潜力非常巨大。所以目前需要针对这个年龄的健康产品需求进行新的调查，做出一个新的评价。儿童保健品在市场潜力与需求已不同往日了，市场需要产品的配合，产品更需要市场的融化，由于一段时间市场上儿童保健品的冷静，儿童消费观念在逐渐淡化，这就需要有一个新的消费刺激点。儿童产品新的消费刺激点在于产品性能是否符合如今的消费观念，如绿色保健品等。如何激化这样的儿童刺激点，关键在产品推出的时机上，保健意识的不断增强，成人对于儿童保健品的选择上也产生比较大的变化，注重于对未来的考虑正在逐步引造一个未来消费市场，特别是一些智力与体能上的产品更加表现活跃。

2. 时尚产品将成新宠

儿童保健品的市场需求是比较隐性的，也是有潮流性的，具有时代感。一个时尚的儿童保健品的市场机会往往大于传统产品，怎样把儿童保健品变成一个时尚产品，儿童保健品的整个消费构架，已由一般的开胃与益智转化成心理与益智上，培养儿童快乐与健康是一个目标，保健品在追求新的增长点的时候，要以产品性能的高科技与实际的使用效果进行调整。把产品做成一个可以想象的空间，让儿童能够参与其中的使用与推广，改变现在的传统包装与成品模式，结合新一代儿童消费思维，利用可以传播的各种工具，加强引导与刺激，只有靠一些新的产品代谢，无论从感官上还是在实用上，都要打破现有的使用习惯与标准，在原有保健功能的基础上，可以把儿童产品想象化。

3. 减肥产品蕴藏商机

儿童、青少年肥胖已在世界范围内形成一种不良趋势，在我国，儿童单纯性肥胖症正以每年递增9.1%速度迅速上升，它的危险因素已严重影响到儿童、青少年的健康成长。科学、合理的膳食结构是关系到儿童身体健康的大事，也是提高人口素质的基础。所以能够有效改善儿童肥胖而且又无副作用的保健食品将会受到儿童和家长的欢迎。

4. 培养超能消费需求

儿童产品的营销要打破常规，要把传统的消费观念集中消费，传统消费一般来讲是消费点滴累加而成，儿童产品要在集中的时间里，利用产品新的消费观念，在一段时间里超能量消费，可以看成产品需要转变成一种聚量包装，把几天或几月的消费拖延成较长的时间，从中扩大产品容量，也确保产品的效果在长时间内得到体现。

现在市场上补充维生素为主的产品“黄金搭档”，市场上并不是缺少补充这样营养元素的产品，也包括药品，但从健康食品上看，要做成一个产品具有非常强大的生命力，就非常关键了，“黄金搭档”刚好站在市场的消费需求上，在产品形象作为主要因素的前提下，就必须关注消费结构，关注消费动态。家庭需要的是两边都有的消费行为已经占有非常大的比例，老少需求当中，突破传统的市场主要消费地位，使儿童市场自然引入家庭需求，这就是市场的客观特点，因为当关注健康成为主流时，是不可以忽视两种这样的结构的，销售自然有他的特殊地位了。

5. 多元组合产品布局

现在许多企业在产品的突破上，始终是有一个怪圈，就是主打的产品永远是只有一个，后来跟进的产品怎么也没有主打或者较早投入的好，当然会有许多原因，但实际上，在健康产品上，被跟进与复制是永远无法避免的，要想在等待中获胜，显然是不可取的，所以在建立产品后续力量上，可以考虑在不同等级上的研制与储备。

建立多元化一直是企业的产品布局思想，但是儿童产品布局的困难在商家心中是非常明显的，要在这个上面有所建树，在市场上有一个平衡的支撑点，就迫切需要直接面对儿童市场，这已经是非常非常必要了。

6. 营销思路力求创新

儿童产品的销售思路没有多大的变化，是目前儿童产品销售的障碍，在配合产品更新的前提下，健康产品需要走出原有的营销模式，新的销售思路变得尤为关键，特色产品与特色市场在较长时间内都将是我们发展的要素。儿童产品销售，其模式要慢慢转化成为一种可以互动的消费构架，在运用快速转化的信息上要可以看得到、摸得着，让儿童主动要求消费带动由家长被动消费的习惯，转变成为积极面对儿童自主要求消费。这一点上对于品牌的建立与新思维的营销运用很重要。

第十三章：儿童化妆品商机引擎

中国家庭对独生儿童倍加呵护，高度重视。随之带来的是，儿童用品市场的发展迅猛，其前景令人瞩目。顺应市场潮流，各式各样的儿童用品纷纷登场，构成了一个相对独立而富有生机的市场商机。

儿童化妆品正成为继男士化妆品之后的又一市场新宠。另外，由于儿童化妆品的质量相对较高，对皮肤的刺激性小、易过敏性低，年轻女性使用儿童化妆品也蔚然成风，调查显示市场上高达30%的儿童化妆品为年轻的女性所使用。目前全国3000多家化妆品企业中，只有50余家在儿童化妆品领域掘金。相对于竞争白热化的成人美容化妆品市场而言，儿童市场要平静得多。但这同时也意味着儿童化妆品市场空间大，竞争对手少，前景好，潜力巨大。

一、儿童化妆品市场现状分析

（一）儿童化妆品渐受关注

随着人体的生长发育，皮肤也不断地经历着变化。儿童的皮肤天生就很好，应尽量少用化妆品，大人护肤品更是绝对不能给儿童用。因为大人的化妆品有营养的，有提取物的，有激素的，儿童的角质层很薄，很容易会伤害他的皮肤。美容品更不应该随便用，儿童皮肤处于发展阶段，如果不适合会刺激儿童的皮肤。比如小女孩涂睫毛膏，弄得睫毛全掉了，人体有的器官是不可再生的，睫毛就是其中一种。大人给孩子买化妆品，一定要购买专业生产儿童产品厂家的化妆品。

站在琳琅满目的儿童护肤品专柜前，很多父母犹豫不决，不知道应该购买哪种产品。有的只看外包装，认为哪种漂亮、花哨，哪种就好；有的只看品牌，其他品牌产品根本不敢问津；还有的只看赠品，认为有赠品的产品最实惠……

在过去的市场上只有几个寥寥可数的老品牌儿童化妆品，而在短短的几年时间里，各种知名品牌的儿童、儿童用品如雨后春笋般在城市的各大商场货架上出现，并且随着进入厂家的增多，儿童化妆品的品种早已日新月异、花样迭出。从近几年的中国婴幼儿用品市场来看：这是一个市场前景较好、尚未深度开发的市场。

现在几乎所有生产儿童化妆品的公司，产品都向系列化、多元化发展。从外包装设计上，更趋卡通化、合理化。越来越多的生产厂家已经开始注重产品的包装。他们根据儿童的心理特点和喜好设计出一整套迎合儿童视觉、手感的产品包装，以鲜明反差的色彩和形状可爱的外包装，成功地吸引了一部分儿童消费群。从味道上，水果香味则成了普遍现象。在众多的儿童化妆品中，香味的选择也从过去的香料型向水果香等自然香型发展，使用时所散发的阵阵香味使儿童犹如置身于水果世界，其乐无穷。

尽管厂商生产的婴幼儿用品愈来愈丰富、愈来愈系列化，实际上，大多数父母对儿童用品的概念还停留在初级阶段。在农村，许多家庭用来护理儿童的产品通常只有花露水和痱子粉；婴儿润肤露、沐浴露对他们来说算是奢侈品。只有在经济相对发达城市，许多年轻父母亲才注意用成套的婴儿用品加强对婴幼儿的呵护。

（二）儿童化妆品竞争初现

在国内，先入为主的美国强生，依靠其强大的实力成为独占鳌头的霸主，在广告投放上，强生的费用也无人能及。强大的广告支持，使强生理所当然地成为各经销、零售点的抢手货。一举抢占了婴幼儿用品市场。随着商家的觉醒，市场的变幻，不少商家纷纷将目光投入这块市场。随之，大眼睛、小叮当、六神、鳄鱼宝宝等各种品牌进驻婴幼儿护肤日用品市场。消费者选择与购买婴幼儿品牌的排序依次为：强生、小叮当、六神、大眼睛、鳄鱼宝宝。其中强生的比例高达43.4%，遥遥领先，属强势品牌。其忠诚度与美誉度都比较高。婴幼儿用品市场仅为少数几个品牌所统治，尚未出现百家争鸣的现象。

大人接受使用婴幼儿产品成为事实。婴幼儿用品因其温和无刺激而越来越受到成年女性的喜爱，商家敏观其情，迅速出击，将婴幼儿用品延伸到成人领域。已成为婴幼儿用品又一增长点。很多母亲长期与宝宝共用婴儿洗浴用品。“宝宝用好，您用也好”，成为众多婴儿用品厂家开发成人领域的口号。

市场上没有专业婴幼儿护肤日用品的强势品牌，尚有空隙。尽管强生在婴儿日用品这块有先入为主的优势。但是强生业务范围广，涉及医疗器械、隐形眼镜、溃疡药、泰诺镇痛剂、强生婴儿和成人用品等各类市场，属于世界上最大的健康护理产品的生产商。并非专业的婴幼儿护肤日用品生产商。像知名度高的六神，也涉及到婴幼儿市场，但主要还是做成人市场。还有小叮当定位于中国儿童的品牌，鳄鱼宝宝定位于儿童家庭装。专业的专门生产婴幼儿护肤品的厂家目前仍是空白。

市场领导者：强生定位在中高档，在一级市场拥有较强的竞争优势。强生凭借其企业自身的强大实力和一流的管理、丰富的产品线和层出不穷的新产品概念以及独到的市场策划能力占据着婴幼儿用品市场的领导者位置；而且强生不断推出新活动：如在上海推出的影响比较大的“健康宝宝”评选活动。

主要竞争者：小叮当，这个新生的国产品牌正在迅速的崛起、速度惊人。以系列化、儿童及婴幼儿的专业定位全面推出，并将产品广泛铺货到大型商场、超市，面目一新，影响和效果都比较好。而且发展态势比较迅猛，发展潜力大。

二、儿童化妆品市场消费特征

由于购买者购买商品受产品的质量、价格，购买的时机、地点、促销的方式，以及购买者本身的文化程度、家庭背景的影响。我们从购买者的角度来分析其购买的特征，从而得出以下结论：

1. 价格方面，8～10元是消费者最能接受的价格。从消费者对价格的接受程度调查结果来看，8～10元所占的比例为36.6%，5～8元占24.5%，10～15元占18.5%。强生100ml的沐浴露、润肤露也集中在8～10元内。小叮当的营养蜜、润肤露（100ml）的价格在8元以下。只有一些特别产品，比如强生防蚊露100ml价格为16元。大眼睛的价格普遍较高，120ml的润肤露为20元。消费者的消费接受程度已成定势，消费意识比较理性。一般城市的年轻的妈妈都十分看重牌子，会买质量比较好的产品给宝宝用，因为婴幼儿的皮肤特别娇嫩，一般会买10–15元的产品。那经济收入相对低些的年轻妈妈，有时也会买些强生产品给孩子用。但通常会买质量可以，价格比较适宜的产品给宝宝用，一般会选择5～8元的产品，8～10元也是可以承受的产品价格。

2. 从购买决策过程来看，发起者主要是婴幼儿的母亲，影响者一般为孩子的父母亲以及有经验的亲朋好友。这说明现代的年轻妈妈往往缺乏哺育、养育宝宝的知识，有经验朋友的口碑宣传起着举足轻重的作用。从购买者情况来看，婴幼儿护肤日用品的购买者77%为孩子的母亲，22%为孩子的父亲。使用者是婴幼儿和母亲甚至全家。

3. 茉莉花香味受青睐。产品香味应注重清淡、幽香，不刺激，调查结果显示，其中茉莉花味、青草味、无气味三种气味，消费者比较有好感。这三种气味集中表现出消费者希望产品清淡、幽香、不浓烈刺激的特点。同时消费者对茉莉花香味的感觉最好。这可能与夏季茉莉花茶的清热清凉的特性有关，也与有关茉莉花的歌曲、花朵、茶水等普遍性、熟悉性有关。

4．婴幼儿护肤品单次购买数量少，购买周期比较长。从购买的数量来看，75.5%的消费者每次购买只会单支购买。购买两支只占19.5%。购买2支以上更是微乎其微。习惯购买套装的约占20%。由于婴幼儿的消耗量不大，所以消费者单次购买数量少，而且频率也不高。不同于一般的日用消费品。

5．产品包装透明、直观、有现代感较受欢迎。从产品的包装来看，塑料透明装最受消费者的青睐，比例高达43.7%。玻璃瓶装的比例占28%。表明消费者对包装的普遍要求是增加透明度。希望包装更直观、更有现代感。

6．消费者长期习惯使用爽身粉，痱子水使用比例甚低。调查结果显示，消费者通常采用爽身粉、沐浴露、润肤露三种护肤品来护理婴幼儿皮肤。而且爽身粉已在消费者心目中留下传统的印象：吸汗、凉爽、持久、直接、身体感觉效果好。而痱子水的使用比例仅占3.02%，而且其在市场上的产品也少见。70.7%的消费者购买痱子水类产品是为了预防痱子、家用常备。16%的消费者是在生痱子时购买。

7．产品颜色无色、白色等熟悉常用化妆日用品颜色受好感。从颜色来看，消费者选择“无色”所占比例最高，达到35.2%。其次为白色、再次为绿色、粉红色。表明平常生活中常用的无色、白色等日用化妆品，熟悉常见，普遍受到消费者的好感。

8．婴幼儿皮肤的滋润、滋养格外受重视。从对1～3岁的婴幼儿除要求护肤品安全无任何毒副作用外，“富含滋养成分，全面滋润皮肤”排在第二位。表明由于婴幼儿的皮肤特别的娇嫩，其皮肤的滋润和滋养受到格外的重视。相比之下，3～5岁的儿童的父母亲对护肤品的“防蚊虫叮咬”尤为关注；5～10岁孩子的父母亲对护肤品的价格十分敏感。

9．由中草药制成婴幼儿护肤液受到消费者的认可。从产品的特点来看，按重要性高低排序依次为纯天然中草药制成、清热解毒、无任何副作用、不刺激皮肤、滋润皮肤。这些特点集中反映了消费者看重产品的安全、无副作用。并对中草药制成、清热解毒有强烈的好感。中草药一直以来，消费者都有好感，是一种无任何副作用的象征。

10. 从信息来源及影响因素来看，年轻妈妈缺乏护理、养育婴幼儿的基础知识。年轻妈妈购买婴幼儿产品时，受“有经验的朋友介绍”影响的比例占20.78%，占第二位（第一位自己决定购买的产品的牌子）。

11. 婴幼儿护肤品首要问题是安全、无任何毒副作用。消费者对婴幼儿护肤品最关心的因素调查结果显示：安全、无任何毒副作用排第一，比例为22.9%。第二位杀菌消炎，比例为22.5%，第三位为富含滋养成分，全面滋润皮肤，比例为16.4%。防蚊虫叮咬次之。也就是说，婴儿肌肤不受刺激、伤害是最受关注的。

三、儿童化妆品市场发展趋势

（一）儿童化妆品需求趋势

儿童化妆品与其他儿童用品一样，其消费者应分为购买者及使用者。一般来说是家长买了儿童化妆品给小孩用。前者是购买者，后者是使用者。但与一般的儿童用品不一样的是，化妆品的使用者也可以是成人。即有越来越多的女性因为儿童护肤品刺激小功效明显而选择它来对自己的肌肤进行保养及护理。当然这类使用者同时也是购买者。并且我们要看到，随着现代化的进步，儿童已变得越来越早熟。他们在很小时就可以对购物作出判断及甚至拥有决定权，并且参与消费决策的年龄越来越小。他们会自己去购买自己认为好的产品回来，给自己使用或作为礼物送给小朋友。

这就是儿童化妆品消费者构成的变化。即由单纯的家长购买，转变到“家长购买，孩子使用；女性购买使用，儿童自主购买使用。”特别是后者，尤其值得我们关注。

（二）儿童化妆品品牌趋势

从市场上只有“强生”一个品牌在摇旗呐喊，到现在百花争艳。中国儿童化妆品市场的品牌之战已不亚于成人化妆品。

老牌厂有“郁美净、东洋之花、双飞、金奇、名仁堂、庄臣”等的进入，在原有化妆品基础上，衍生出儿童化妆品的品类，没有进行品牌延伸，把握的大多是其原有顾客。自己用惯了这个牌子，就也为自己的小孩买这个牌子的产品。这种情况下对于儿童化妆品而言，等于是没有品牌。相信随着市场的发展，这种“成人品牌儿童产品”的营销，会面临市场增长缓慢，空间有限的局面。

化妆品市场竞争的残酷性在延续，成人产品已经到了异常激烈的程度。这时，部分厂家开始将目光转向市场的一个空当——儿童化妆品。于是，一时间，儿童化妆品成为行业的热点，许多企业开始涉足这一领域，涌现出“青蛙王子”、“龙迪”、“润蕾”等新品牌。这些品牌目前算是国内儿童化妆品市场的主力军。不管是市场的份额还是宣传推广，都做得有声有色。单从企业数量上来看，儿童化妆品市场似乎一片大好。但事实是，直到现在，整个儿童护肤品市场的格局并未发生太大的变化。涌入的品牌全走低档路线。对于市场来说，这并不是一场全面的竞争，当然也就不能造成市场的井喷。仍旧是强生一家独大。

另外有一个现象值得特别关注，那就是国外著名的儿童品牌开始进入。如“米老鼠”、“小猪斑纳”、“史诺比”等等，已与国内知名的化妆品厂家或投资个人合作开拓中国儿童化妆品市场。这类品牌都有国际大公司的背景，且有极高的知名度。只要操作得当，就很容易能获得市场的成功。现在，国外还有较多的类似品牌正在待价而沽。新进入的海外品牌一旦形成规模，长达数年的“强生格局”将势必被打破。而对一些持币待购的投资者来讲，也存在很多的机会。

（三）儿童化妆品产品趋势

中国人认识儿童化妆品是从强生的BABY沐浴露开始的。但随着市场的发展，进入厂家的增多，儿童化妆品的品种也日益增多。到目前，常见的儿童化妆品的品种大致有“洗发露、沐浴露、护肤霜、护肤油、营养蜜、痱子粉、爽身粉、尿湿粉、花露水、婴儿金水、洁面露、牙膏、洗手液、儿童香皂、润唇膏、护臀霜”等类别。而随着生活水平的提高和健康美容意识的增强，人们日益关注对儿童肌肤的保养，同时对儿童化妆美化也日益注重。这就要求儿童化妆品的品种多样，不仅要有清洁、保养、滋润，增白、防晒、脱敏等护理品种，还需要唇彩、粉饼、腮红、甲油、彩绘等化妆扮靓类产品。

在儿童化妆品市场初期，有关其技术，我们听到最多的就是“无泪配方”。这意味着儿童化妆品应该刺激小，无副作用。随着市场的发展，儿童化妆品的技术也越来越丰富多样。但是我们只要稍加留意，就会发现一个问题，现在儿童化妆品的技术和配方还是沿用成人化妆品的居多。举一个国内较有知名度的儿童化妆品为例，珍珠营养蜜的成分：富含离子态珍珠、蜂胶、果酸、维他命；清凉滋润沐浴露成分：含离子态珍珠、维他命、草本植物等多种营养滋润精华。明眼人一看就知，这些成分在普通的成人化妆品中都可以看得到。对于以前的消费者来讲，也许不成问题，但现在的消费者原本就趋于理性，再加上是为孩子购买儿童化妆品，如果没有新的、独到的技术及配方作支持，将很难赢得他们进一步的信任。

特别要提到的是，儿童彩妆的配方及技术更加亟待提高。众所周知，彩妆对人体的肌肤都会有一定损害。而这点，对于父母来讲是不愿看到的。所以，一般父母不会给小孩用彩妆。这就制约了儿童彩妆市场的进一步发展。在实际生活中，还是会有些年轻母亲偶尔给小孩用用她们的彩妆。甚至有些小孩会偷偷地用大人的彩妆。这可能会导致对儿童肌肤的更大伤害。为此，开发出真正适合儿童使用的彩妆是很有必要，也是很有市场的。

（四）儿童化妆品渠道趋势

现在儿童化妆品的市场中的销售渠道主要还是依赖于传统的“代理——分销——终端”的渠道模式。但对于日益增长的市场而言，单一的渠道已很难满足多品牌多产品的营销要求。下面就中国儿童化妆品市场中的渠道发展做一些初步的预测。

专柜将成为销售的主体。家长对儿童化妆品的选择会比较慎重。首先会选择一个令自己放心的品牌。专柜则是展示品牌形象比较好的方式。但不要像成人化妆品一样，在商场主要地段占十几二十多平方。更多的是会在商场的儿童用品专区，布置一个小专柜。或在大超市中取得一个好位置，设立一个小专柜。而在一些专营儿童用品店内，可以设置相对大一点的专柜进行展示销售。

丰富自身品牌的产品线，开设儿童品牌专门店。比如蓝猫，正是这种形式。它一个牌子下面有几百种产品，组成一个联合营销体系，再分散到各个专门店中。而国外的儿童品牌在其进入中国的产品种类达到一定数量后，将会更多地采取这种形式。当然此类的渠道，并不是普通的厂家和品牌所能做到的。需要积累一定的实力和名气，并且要善于借力打力，才可能达到。

与其他儿童产品合作的形式进入终端。与儿童食品、日用品合作，还可以同玩具厂商合作，进行联合促销推广。互用渠道，共同将市场做大做强。如果合作成功，则可以将品牌合并，产品线互补，开设儿童用品专卖店。

另一个重要的渠道是网络营销。现在越来越多的家长习惯于在网上搜索关于育儿方面的知识。连带的，相关产品也会在网上购买。这其中，自然包括儿童化妆品。有些品牌是自办网站，便于自主控制，但投入周期较长，影响力也不大。更多的则是，将产品放在相关的儿童教育、产品网站上面进行推广销售。

第十四章：其他儿童特色商机引擎

一、儿童教育市场商机引擎

虽然食品与服装消费仍是城市儿童消费的主要部分，但教育支出已占到相当比例，成为儿童消费的新热点。随着中国与国际接轨的步伐加快，对幼儿教育投入逐步加大。越来越多的家长意识到儿童早期教育的重要性，科学研究证明，0~6岁的婴幼儿时期，是生命的起跑线，是人智慧潜能开发的关键期。美国教育心理学家布卢姆在《人类特性的稳定与变化》中，通过对千名儿童的追踪分析，提出了著名理论：若以17岁时人的智力发展水平为100，则4岁时就已具备50%，8岁时达到80%，剩下的20%，是从8～17岁的9年中获得的。

人在0~8岁这一阶段经过了人生的几个关键期：语言关键期、运动关键期、社会性关键期、感官的关键期、数学关键期，抓好幼儿关键期的早期教育培育，有利于促进和帮助幼儿的健康成长。在我国，特别是城镇居民，婴幼儿的早期教育需求有一定的市场规模。这是因为绝大多数城镇独生子女的婴幼儿，其父母“望子成龙”心切，愿意在孩子的早期教育上投资，同时也具备投资消费能力。他们为孩子购买各种类型的婴幼儿读物，购买大量乐器，如电子琴、钢琴、手风琴等。

除了基本生存消费之外，教育支出成为城市儿童消费的最大部分。据北京教育科学研究所研究表明，80％的中国家长承认自己不懂家教，因此为孩子选择好的教育方法而费尽苦心。国家统计局的统计表明，我国城市家庭教育占家庭消费的65.5%，有56.5%的家长把孩子教育投资列在首位。家庭收入越高，越注重孩子的教育。调查结果显示，高等收入家庭（人均月收入高于2500元）用于孩子“教育”方面的支出占儿童消费总支出的27.4%，比例最高；中高收入家庭（人均月收入为1751~2500元和1001~1750元）的比例分别为22.9%和20.9%；中低收入家庭

（人均月收入在500~1000元之间）和低收入家庭用于孩子教育方面的支出比例较低，分别为18.9%和14.4%。平均估算，人均月收入每增加100元，用于孩子“教育”方面的支出比例增加0.6个百分点。

中国幼儿早期教育具有广泛的市场商机，新生儿父母的年龄下移和文化层次的提高，表现在对育养知识的渴求和健康意识的增强，伴之而来的是对多功能、多样化的产品，高品质的服务及专业指导的渴求。如何使孩子健康、茁壮地成长，成为家庭投资的重点。年轻父母们在孩子身上的投资，无论在人力、物力还是财力上，都无怨无悔，毫不吝啬。

（一）儿童教育市场状况分析

1. 儿童教育的群体数量巨大

目前，中国有3.67亿儿童，据调查，大城市每个家庭每个月的儿童教育平均费用为500~800元。全国约为3000亿的市场空间。庞大的基数、稳定的增长与更新，奠定了儿童市场坚实的客户基础。这对于一个触觉敏锐的投资者来说，它将意味着巨大商机。

2. 家庭对教育投资需求强劲

“望子成龙”是每个家长的心愿，重视教育是中华民族的优良传统。中国人在培养后代方面，可以用“舍得花血本”来形容。不管是穷人还是富人，不管是官员还是老百姓，不管是农民还是城市人，在这方面都毫不含糊，宁可省吃俭用、节衣缩食，宁可起早贪黑、忍辱负重，也要把钱省下来培养后代，在中国人眼中，后代仿佛是自己生命的延续，是未来的希望。

3. 幼儿早期教育是市场需要

目前我国各类幼儿园、亲子中心、妇幼保健院等机构就有30多万家。对正确掌握幼儿生长发育，过去都缺乏科学的方法，与发达国家相比，有很大的差距。

年轻的父母们虽然能够深刻地体悟到“孩子决不能输在起跑线上”，但是，70%的家长面对“如何面对孩子进行因材施教、开发其潜在能力”的问题时都坦然承认自己煞费苦心却仍找不到正确答案。社会竞争的激烈、家庭收入的增长、家长对婴幼儿科学教育意识的觉醒，有对幼儿有用的产品就会有巨大的家庭需求。教育是暴利行业，这已经是大家公认的。在古代“万般皆下品，惟有读书高”和现代“教育先行”的指导思想下，我们每一个家庭对教育的投资都是毫不犹豫的，只要是跟孩子的教育有关的，家长们无论如何都会倾其所有为孩子付出，有时候甚至是有点盲目，所以儿童教育市场更是个大金矿。

（二）儿童教育市场典型商机

1. 儿童语言培训的商机

比如儿童外语培训的前景相当广阔。根据不同的消费群体和消费目的可大致细分为四种，一是针对学龄前儿童的启蒙英语教育，二是针对普通少儿的大众性普及培训；三是针对收入较高家庭的儿童设计，以外教教学为主的培训；四是以中小学生升学考试为目的的培训。

培训时间安排：日常上课时间通常都会选择在周六或者周日；寒暑假时间，上课时间可根据家长认为方便的时间灵活安排。

2. 开办儿童亲子园商机

“亲子教育”是指以亲子关系为纽带，父母与子女一起参与、共同提高的一种科学育儿的教育形式，具有双向互动和情感交融的特点。亲子班的特殊性体现在它招收的学员是以家庭为单位，教育的对象不仅仅是孩子，更重要的是孩子的爸爸妈妈。在亲子课上，家长和孩子共同参加各类游戏活动。在指导老师的带领下，做着与授课内容相匹配的亲子游戏，从而达到教育孩子的目的。

大中城市显然是早教行业的最佳选择，但是不同的城市拓展早教市场的“适宜度”仍有不同。考察一个城市是否适合开展早教事业，能够有发展为成熟市场的潜力，建议投资者从以下几个因素考虑：人口总数、出生率、人均收入、家长对孩子教育投资的态度、现在早教市场的成熟度。比如：北京和上海的人口总数大，出生率低，市场相对成熟，但是增长后劲不足；上海另有优点，就是整体教育体制比较完善，幼儿教育管理水平比较高；深圳的财力拔得头筹，但是人数不到其他两个城市的三分之一，所幸人口结构比较年轻，平均29岁，马上将面临一个出生高峰期，潜力较大。

创建亲子园，不同的城市的房屋租金、人员工资、装修等方面的开支是大不一样的。各地可根据自己的实际情况进行投入。一般情况下，亲子园最少的支出也要在15万元以上。以一家中等规模的亲子园为例，它的收益情况如下：同时容纳两个班的孩子上课，每个班的最大容量是12个孩子，每天上午、下午各开设2个班活动，一天共计8个班次、96人次，以每周休息一天计算，每周576人次。据了解，目前早教机构的平均收费大致是每期3个月500元~800元，每周活动一次，相当于每次38元~60元。如果这家亲子园能够满负荷运营，月收入就是10万~15万元，扣除投入的金额，年利润可以达到80万~100万左右。在开张第一年，建立市场吸引顾客还需要一定的时间，收入总额大概能达到上面理想估算的三分之一，投资者大有希望在第一年即回本。目前，该行业内的平均盈利水平大约在20%左右，作为新兴行业已算表现不俗。

从上面的投资收益分析可以看出，早教行业的盈利关键点在于：招收更多的孩子以减少场地和人员的空置率，因此，服务制胜和薄利多销的原则应该很适合这个行业。

3. 儿童技能培训班商机

素质教育已成为家庭教育投资的重点领域之一。有23.6%的家庭让孩子参加了各种技能培训。在让孩子参加技能培训的家庭中，有51%的家庭孩子年技能培训费用在1000元至3000元之间。

出于为孩子将来考虑，家长们为孩子选择的技能培训班多为实用性或良好就业前景的专业。参加电脑和音乐培训的人最多，分别占31%和23%。其次就是舞蹈，其比例为17%。而近年来新兴起的诸如体育、漫画、艺术等方面的培训班也非常受欢迎。如开一个漫画培训班，首先与学校或者少年宫建立联办的关系，租借学校或者少年宫的场地。聘请在漫画方面有一定造诣的美术老师，然后在学校或者少年宫进行广告宣传，招收学生。

4. 儿童多智能测评商机

每位孩子都是父母眼中无可取代的宝贝。大多数的家长也会希望孩子将来比自己现在更好。儿童智能测评对幼儿的教育和成长具有多种积极意义：能让家长及早了解孩子的天赋，减少不必要的摸索；了解孩子的多元智能发展和分布，因材施教；了解孩子的生理和心理发展，采用有效的管教方法；了解孩子的学习风格及类型，采用适当的学习方法。

①基本投入

入行门槛：3万元左右。广告保证金3000元（可以测试20个用户）；购买一定量的图书和光盘，销售给测评家长；管理费用1万至少租用办公室1间，电话1部，固定办公室人员1人，兼职老师若干。

② 投资回报根据目前家长日益重视3~6岁的教育，我们估算各个地区的收益如下。

大城市：人口在200万以上，3~6岁儿童在10万左右，按照3%的市场容量是

3000人，一年总收益达到50万。按照纯利为50%计算，年度盈利可达到25万，教材和光盘盈利为8万元，大约可盈利33万元。

中等城市：人口在40~200万，3~6岁儿童在4万左右，按照5%的市场容量每期是1500人，一年收入约为20万元，按照纯利为50%计算，年度盈利可达到10万，教材盈利为5万元，大约可盈利15万元。

小城市：总人口在40万以下，3~6岁儿童在1万左右，按照5%的市场容量每期是500人，一年收入约为8万元，按照纯利为50%计算，年度盈利可达到4万、教材盈利为1万元，大约可盈利5万元。

二、儿童读物市场商机引擎

儿童读物包括彩图书、动画卡通类图书、参考工具书、非小说类图书以及小说类图书。小说类图书若严格按照国际标准划分，又分为图画小说、文字小说、系列读物、经典故事和其他故事书。

据有关专家预测，儿童教育市场将是21世纪最具潜力的投资行业，儿童教育行业的发展必将带动系列的子行业发展，儿童读物将是其中最为平常普通的一个细分领域，从市场需求来看，儿童图书是一个仍在成长的、潜力无限的市场。其次，从美国畅销图书的主题特征来分析，儿童图书具有潜在的畅销书品质。其市场前景不可预量。

据统计，中国的少年儿童超过全国人口总数的1/4，显然是一个巨大的潜在图书市场。有人士预言，继IT图书、财经图书、励志图书热之后，图书市场下一轮大比拼的就是少儿类图书。

（一）儿童读物市场商机分析

据权威机构统计，目前在我国的573家出版社中，有130家出版社设有专门的儿童读物编辑室，年出版品种达1万多种，年总印数近6亿册。其中，中国对外翻译出版单位共用14种外文出版950种儿童图书，共计出版200多万册，分别发往110多个国家和地区。在法兰克福书展上，中国展团共输出版权1936项，比去年增长了两倍，其中原创少儿图书的版权输出成为一个亮点，中国少年儿童出版社成功将《古典文学名著画册系列——西游记》输出到了动漫画市场成熟度极高、竞争非常激烈的日本；上海世纪出版股份有限公司少年儿童出版社原创漫画首次进入欧洲主流市场，与法国小潘出版社、日本福禄贝尔馆等一批海外出版商签订了6项19种漫画、文学等图书的授权书或意向书。英国企鹅出版集团引进了中国少年儿童出版社的《中国寓言故事》、《中国神话故事》，和以前的少儿图书主要是输出到东南亚等国家不同，这是该社首次进入欧洲的主流出版市场。今天，我国的少儿图书出版已跨入世界少儿图书出版大国行列。

如果说儿童文学的原创力是一个国家少儿图书出版实力的写照，那么各出版社重点扶植原创、开发原创，对于少儿出版业整体的良性循环则起着至关重要的作用。长期以来，国家采取了一系列的措施来扶持和鼓励本土原创少儿图书的出版，2006年4月中旬，新闻出版总署启动“三个一百”原创工程，所收著作均为国内作者原创、国内出版社出版、经过市场检验确属精品的图书，其中包括人文社科类，自然科技类，文艺与少儿类优秀原创图书各100种。要求是2005年6月至2007年6月之间出版或者即将新版的图书，重版和重印的图书不列入推荐范围。正是在有关部门这种有力措施的推动下，近年来中国少儿图书出版业无论在选题策划、出版规模、图书质量、版权贸易、营销宣传等各个方面都取得了长足发展。

在开卷图书市场研究所监控的零售数据中，少儿类图书市场年增长率相比其他类别图书一直排在前列。尤其是近几年，由于少儿图书的出版起点低，出版周期短，创造的经济利益非常可观，因此许多以前很少做少儿图书的出版社也纷纷加入少儿图书出版。更多的出版社挤入少儿图书出版市场，会给少儿图书市场带来更加激烈的竞争，但同时也会起到积极的促进作用，促使少儿图书出版不断走向繁荣。

值得注意的是，少儿图书出版发展虽快，但也存在着缺乏原创性、重复出书、重形式轻内容、相互粘贴集中归纳出版等隐忧。2005年是安徒生诞辰200周年，结果有28个出版社出版《安徒生童话》，低质量的重复最终使得少儿图书数量庞大，质量却参差不齐。在进入少儿出版领域的出版社中，一个比较成功的例子是中国外语教学与研究出版社。据开卷图书市场研究所统计，2005年该社出版的第一部非英语类原创图书《快乐星球》由于内容健康向上，情节生动感人，第一部四册小说成功打入开卷少儿图书排行榜前十名，取得了社会效益和经济效益的双丰收。

（二）儿童读物畅销市场攻略

要想使儿童图书成为畅销书，在市场运作当中需要注意几个问题：

1．制订图书选题的时候，图书本身对孩子一定要有强烈的吸引力，要好玩儿有趣，同时还要有意义。这还不能简单地说是寓教于乐，也就是说，图书对该子究竟有什么强烈的吸引力，你的书吸引儿童的“点”具体在什么地方。同时特别要注意儿童读物要有意义。既有趣又有意义，这两点，是儿童图书能够畅销的很重要的两个方面。因为在很多情况下儿童读物的购买者是老师和家长，如果图书没有意义，家长就不会买。

2．推广儿童图书一定要有耐心。儿童图书起步慢，但好书一旦营销到位，图书销售非常有后劲，不断地把书做大，再版几率是很高的，比如《男生贾里》、《女生贾梅》，印了七八次；再比如川少的《大迷宫》，不断加印。所以，如果编辑在儿童图书的出版过程中，全程策划、全程促售，一直到完成图书的终极销售，那他编辑的儿童书说不定什么时候就火起来了。

3．据美国《出版商周刊》的调查，我们要注意什么人在买儿童图书：33%是母亲，20%是老师，11.6%是祖父母，7.8%是父亲，4%是朋友，4%是其他亲戚，13.7%是儿童。总体购买者中，82%是女性。所以，在宣传促销时，这是个非常重要的依据，宣传促销时媒体一定要选择好，认真选择那些给家长、老师看的媒体来进行宣传，以求事半功倍的效果。

（三）儿童读物市场典型商机

策划出版行业的投资门槛是比较高的，并不是所有的人都有那个资源和资本。这么大的一个市场，平民百姓应该也有权利和机会去分得这一本羹。开办少儿读物书店就可以分的一杯羹。可以加盟已有的品牌或者自己单开。从大环境来看，中国加入WTO后，所应允的贸易经商条件已经履行。中国的经济成为一扇大大的门，外国许多经济文化大型商城或企业进驻中国。无论是在提高自己，还是与外竞敌，保持竞争力方面，少儿读物书店都是保持自身优势，力求进步的选择。儿童书店的选址一般在学校旁边，人流量大的闹市区，或者较好的公园旁等等。书店的面积不能太小，如果在人流拥挤时，小小的房屋不能容下很多人，如果有50人已是拥挤不堪了的话，这样会给顾客带来大大的不便。因为人流的繁多，店员服务态度也会因劳累而转差。这对于书店的经营很不利。比如顾客请店员帮忙找某一本书，但是店员却因为没有时间或太过于烦躁而让顾客自己找的话，顾客心理一定会有抱怨，很可能转身就走，而且很可能再也不会光顾了。当然，书店不会因为一两个顾客的抱怨而声誉大损，但是不要忘记顾客是一个群体。顾客至上，这是商家历来最重视的问题。所以顾客的口碑很重要，千万不要怠慢任何一个顾客，这个顾客很可能就是你商业的转折点。

策划好了开店的方案，接下来就是找进货渠道了，通常的进货渠道有：出版社，图书市场，大的图书经销商和形形色色的书市等，和各个进货渠道的人士搞好合作关系也是至关重要的，任何生意都是一个市场生态链，不论哪一个环节断了，所有的付出都将功亏一篑。

开店的终端环节就是销售了，图书的销售和其他的产品有所不同，除了正常的销售、开展促销活动、办理会员优惠卡之外，同时可以把租书作为重要的盈利点来抓，这是一个低成本的赚钱模式，可以大大地推广。

在经营过程中，要充分发挥自己的优势，很多固定顾客都比较愿意到有特色的有良好口碑的便利书店购书，各商家应抓住这样一部分顾客，以优质的商品和良好的信誉与服务态度经营小书店。同时，紧跟文化气息的步伐，不断推陈出新，满足人们不断提高的购物要求，开发适合多个文化类别的商品，争取更多的客源。

总之，保持自己的传统特色，不断改进，久而久之自会产生一定的品牌效应，走上可持续的良性发展道路。

三、儿童旅游市场商机引擎

在富起来的中国，旅游逐渐成为多数中国人的主要消费形式之一。但是，当我们流连于山水之间，纵情于灯红酒绿的时候，是否应该想到孩子也应该成为旅游大军的一部分。不管是家长们还是旅行管理部门，都应该从孩子的角度想想，让他们去旅游，为他们提供更好的旅游服务。对于商家来说，这更是一个应该去做的事情，儿童旅游虽然是一个不常被人提及的词汇，但外出旅游的确是孩子们迫切的需求。其实，寒暑假期间，中小学生结伴旅游的人数与规模正在与日俱增。这一方面反映了少年儿童对知识的渴求早已突破了单纯课本知识界限，而乐于向社会和生活学习；另一方面也显示了少年儿童对人生价值观念的变化。

儿童旅游其实是一个大市场，商机巨大，潜力无穷。但是因为种种原因，目前这个市场在国内还没有得到有效地开发。甚至可以说，针对学生假期、根据学生特征、以学生为主要客户群体的学生游项目目前还很少。其实几乎绝大多数家长已不再把孩子们的这种活动看作是浪费或奢侈；相反，有的家长不但积极鼓励支持孩子们在旅游中获取知识，甚至干脆加入他们的旅游队伍，成为他们最可靠热心的导游和伙伴。“学生旅游团”是一个颇具潜力的市场。可以按照学生不同年龄段，开展内容各具特色的活动。当然，与普通的“观光团”相比，带“学生团”更需要严格、规范的服务。对导游人员也应进行“少年儿童心理特点”等方面的培训，确保学生假期活动的安全和健康。

随着经济的进一步发展和社会生活水平的进一步提高，儿童旅游市场将会以几何基数增长。

四、儿童家电市场商机引擎

色彩鲜艳、造型可爱的小家电在家电卖场里，非常吸引消费者的眼球，它们的存在让我们的生活倍添轻松情趣。

（一）儿童家电市场现状分析

儿童电器的价格要比普通同类产品高，如80升左右的儿童冰箱要1500元左右，比相同容积的普通冰箱贵很多，所以几乎已经退出市场。一些儿童电器造型过于“卡通化”，对此，不少消费者反映儿童电器不可能因为孩子长大就扔掉，很难想象孩子长大后还在用这些卡通电器。另一方面，很长一段时间，人们都在习惯于对家电的要求仅仅停留在基本功能上，人们固有的生活观念及现有的生活水平也影响着儿童家电走进家门的进程。

作为市场细分化的产物、曾经热闹一时的儿童家电，在现今的市场竞争中却表现沉默。尽管在国美、苏宁的不少终端门店仍然能看到一些儿童家电产品，包括冰箱、洗衣机、彩电、风扇等等。但与传统家电相比，儿童家电却存在着参与企业少、产品种类不全、问津者少等弊端。

从整体来看，参与的企业数量仍然较少，除了为数不多的几家大型家电企业，跟随者寥寥无几；可供选择的产品类型、功能、款式也极其有限，一些消费者抱怨，买儿童家电只能在“矮子里面挑高个”，称心如意的产品并不多。这也从侧面折射出我国家电企业对于儿童消费需求的挖掘和市场营销手段的运用还存在着差距和不足。

的确，在空调领域，至今还没有企业专门设计并推出过儿童空调，但是潜在市场却是巨大的。而在产品种类繁多、与儿童生活息息相关的一些小家电产品上，也缺乏专门产品。

实际上，这些问题的出现，反映了消费者和厂商对于儿童家电的误解。由于我国的经济水平处于发展阶段，相应的儿童消费市场并不成熟。如果企业投入重力从事这一领域的拓展，投入产出比一旦失衡，最终不仅消耗企业资源，也会造成浪费性消费。同时，还有一部分人认为，这只是一些企业的市场营销尝试。

但以儿童家电为代表标志着我国家电企业在消费群体细分、心理研究、差异化营销手段、个性化产品研发等方面正在掀起新一轮的竞争升级。尽管现阶段这一领域的市场需求还未完全释放，但却能够起到培养潜在消费群的作用。应该说，目前着力儿童家电竞争的企业，已经在今后10～20年的企业中长期发展规划拔得头筹，市场前景巨大。

（二）儿童家电市场前景分析

儿童电器是市场竞争加剧、市场细分的产物。但产品越细化，其目标消费群体自然也越小，商家须对目标消费者的消费观念、目标市场的大小加以预测。

尽管儿童家电作为细分化市场，短期内的消费需求难以支撑企业的规模化发展。但在今后很长一段时间里，其却拥有着诸多战略价值和参考意义。而现在生活条件的改善，需要的是能体现个性消费的产品。儿童家电成人用，说明迷你型、色彩明快、设计独特的家电拥有较大的需求群体，儿童家电的角色转变也赋予众厂家更大的研发空间。

眼下对于整个领域而言，首先要解决企业的认识问题。多年来，一些人认为将家电消费的对象直接置于儿童，是市场营销的重大失误。一方面，儿童并非真正消费者，决定购买权的还在于父母。在国内，儿童对父母的影响力极其有限；另一方面，由于家电属于耐用消费品，更关键是其先天性的安全隐患，更给儿童的直接接触设置了一道壁垒。而相对于随身听、MP3．手机等产品的共融性，家电要差很多。

其实事实并非如此。通过市场细分，可以满足一部分消费者的个性化需求。同时选购儿童家电的对象并不单一，除了儿童，还包括一些单身独居、部分商用场所等。他们共同构成并支撑了儿童家电的平稳发展。儿童手机的面市再次将我们的目光引向不温不火的儿童家电市场。对于国内家电企业而言，率先关注并开始进行儿童市场开发和拓展的，多是一些大型家电企业。这些企业，都建立了不错的竞争优势，在品牌、规模、渠道等方面优势明显，有足够的精力投入到细分化市场的操作。迷你洗衣机大概是最早出现的儿童家电，也是儿童家电里最受欢迎的一种。当时厂家倡导孩子衣服单独洗，或内衣外衣分开洗涤，实际上买回这种小洗衣机的家庭，没有多少专门用来给孩子洗衣服，都让大人给独占了。不少主妇都准备两台洗衣机，一大一小，就在于迷你洗衣机轻便、省水省时、使用灵活。有的母亲认为孩子的衣服几乎一天一洗，随手就搓出来了，比用洗衣机洗还来得放心。

“爱孩子，就给他一台自己的冰箱”，这是某儿童冰箱的广告语。这种儿童冰箱高约1米，造型都是企鹅、机器人、小狗等卡通形象，颜色明亮鲜艳。然而，谁不爱自己的孩子，买不买儿童冰箱就不一定了。多数家长认为单给孩子购买存放食物的小冰箱没必要，于是这种面世两年多的儿童冰箱，销售始终不温不火，倒是一些外地打工者或单身贵族更看中它的小而精。

竞争最成熟的彩电企业如海尔、长虹、康佳、TCL等是国内最早涉及儿童产品研发的企业，专门对儿童推出了“造型卡通、设计人性化、屏幕小”的彩电。现在还能在市场寻到这些彩壳儿童彩电，但根本就没有多大市场。因为现在不少家长都在想办法限制孩子过多地迷恋电视，一般不会再单买一台外形又格外惹孩子喜欢的儿童电视。

从早先的迷你洗衣机、彩壳卡通形儿童电视机、冰箱，到最近售价800多元的儿童手机，这些普遍被业界认为“叫好不卖座”的可爱先锋，在市场上热度退却的同时，它们的迷你Q理念却影响了整个家电市场。

原先儿童家电所提倡的设计理念却已渗透到各类家电产品，像玩具汽车型的吸尘器、小丑净水机、企鹅形的加湿器、宠物猫形煮蛋器……这些色彩艳丽、造型可爱的家电产品显然不仅是为儿童而设计制造的，但在灰白调为主的家电卖场里的确非常惹人注目。在产品的质量与性能有保障的基础上，产品的外形对最后的购买取向影响颇大，外形可爱的电器会让现代居家生活倍添情趣。

此外，像一些大件的家电也开始以孩子的名义打出概念牌，像海尔新推出的采用活水技术的环保双动力洗衣机，提倡不用洗衣粉的健康概念，伊莱克斯的“新静界”系列，超前的静音技术让宝贝安静入睡……言外之意不外乎是“选择我们，您将得到像对待小宝宝般的呵护与关怀。”

同时，我国城乡两元化特征明显。一方面，城市家电拥有率很高，普通家电的增长空间趋小；另一方面，乡镇的家电拥有率较低，亟待普及。因此，企业针对市场的差异化应采取不同的策略。面对城市家电的高普及率，普通家电发展空间极小，而能够填塞或抢占市场的，儿童家电无疑是突破口。今后，随着乡镇家电的全面普及，儿童家电的增长空间更会被逐渐放大。

当然，企业致力儿童家电，除了获取在短期内的销售提升，扩大市场份额外。还可以借助这一产品，将企业的品牌影响力和知名度提前根植在诸多潜在消费者心目中，提前实施品牌营销。如此一来，儿童家电所蕴藏着的市场空间大大超出了预期，在今后5～10年的市场竞争中，有望成为企业新的突破口和增长点。

现阶段，我国儿童家电领域的发展，陷入了多重尴尬的境地。一方面，一些企业投入重力进军儿童家电领域，但投入产出比失衡，极大地影响了企业的信心和发展，也加速了一些观望者和新兴者的不稳定性；另一方面，一些消费者还在抱怨选择不到称心如意的产品，许多儿童家电的产品研发和技术革新还停留在表面上，产品功能的差异化并不明显，这也影响了一部分消费群体的需求。

因此，通过一些操作成功者的案例和经验，带动和促进更多的家电企业和产品类型参与进来，营造浓厚的市场发展氛围和竞争状态，共同推动这一领域的快速增长；其次，要加强个性化产品的功能提升。初期许多产品都停留在表面，没有在内容和功能上进行差异化的定位和研发，接下来应从儿童的消费习惯、特性角度出发，从根本上增加儿童产品的诱惑力，以产品带动市场的增长，避免价格战；再者，市场营销要独树一帜。儿童家电与传统家电相比，存在诸多差别，因此无论是产品开发、营销网络、促销活动等一系列方式，都应专门制定个性化的方案和手段，这样才能够真正产生规模效益，实现品牌价值的辐射。

第四篇

儿童市场掘金方略

第十五章：儿童市场营销方略

儿童商品市场对商家而言是一个巨大的诱惑，许多商家都希望进入这一领域以分一杯羹。但实际上，很多商家在这一领域中的努力都以失败而告终。关键的决定性因素，就是这些失败的商家缺乏有效的营销策略。大多数商人对儿童商品市场这个领域相当陌生，他们看到的只是反映儿童欲望的一些障碍和困惑，而不能抓住儿童商品市场一些内在的规律或者特征，从而也不能够以一个清晰的、完美的营销思路来制定计划。

儿童商品市场的竞争是激烈的。最理解儿童的公司会在这场商战中获胜，因为他们理解儿童的心理需求、他们的幻想、他们的梦想及他们心中所想要的东西，这些将是商家获取儿童心灵的最有力武器。

一、儿童商品市场的营销思路

总体上来说，对儿童的营销是一种心理战略。制定任何营销策略都应当建立在充分利用目标人群心理的基础上，包括他们的幻想、感觉等各个方面。

（一）触动儿童心理感觉

儿童对产品本身所能产生的感觉对产品营销成功与否的影响是十分大的。儿童世界是一个依靠感觉认识事物的世界，同时，感觉决定着他们的喜好。触动儿童的感觉是商品营销的基础。儿童的感觉包括很多方面，譬如视觉、听觉、嗅觉等等。假如一个制造商可以在孩子们毫无先兆的情况下触动孩子的某根感觉神经，触动到儿童的感觉就可以使商品深深地扎入儿童的记忆，使商品在儿童中间形成永恒的吸引力。它可以成为一个品牌创意的源头活水，或是给现有品牌注入新鲜血液，也可以是建立崭新品牌关系的开端。

1. 注重儿童的视觉效果

产品的视觉效果由产品的可观形象所决定，新颖、奇特的可观形象无疑会对儿童产生巨大的吸引力。很多制造商为赢得孩子的注意力，都十分重视自己产品的视觉效果。游戏影碟制造商在游戏画面上一争高下，画面越真实越超现实就越好。电脑游戏、连环画、电视节目也是一样的道理。至于其他产品，同样可遵循此道理。

产品的视觉效果对儿童营销来说是非常重要的。如果某个制造商在其产品包装上推出了一种本行业内几乎无人用过的视觉效果，肯定会在某种程度上获得很大的影响力以至于因此而成功。事实证明，一个成功的儿童品牌商品在这方面做得是绝对出色的。

另外，一个不容忽视的问题是视觉形象的维护，所谓视觉形象的维护即是防止消费者对视觉感受的老化，以维持永久性的视觉效果。超过90%的儿童品牌在市场上风光一阵之后，便销声匿迹了。有些品牌的衰落是因为其适应产品竞争的核心理念不足，他们没有能够成功打动儿童的心；而有些品牌即使其核心理念很出色，最后也从市场上退出了，原因在于这些理念在此后的几年中没有任何创新，无法跟上时代的发展趋势以及时尚潮流。总体上来说，儿童商品市场的营销整合是为了使产品品牌适合市场的高速变化，保持其鲜活的生命力。

这一工作是相当不容易的。比如说前些年国内市场上流行一种鞋底带有动控的小亮灯的运动鞋。它们会在儿童走路的时候发出亮光。这一鞋子和灯光的结合是一个成功的创举。这一创举的创造者事实上来自美国洛杉矶的吉尔公司。1993年洛杉矶亮灯鞋风行全国，成为当年全国销量第一的儿童鞋。可是，接下来几年，这种鞋的销量因为式样过时开始大幅度地下滑。为了维持最初的销售业绩，他们不得不频繁地对亮灯鞋进行改造创新。

从这一点上来看，一种成功的视觉形象的创造不可能在市场上获得永恒的良好的视觉感受，创新是必须的。

2. 满足儿童的听觉感受

在儿童的官能感觉中，听觉占据着重要的地位。自孩子“哇哇”坠地起他们就以自己的听觉获取外界的信息，飞快地学习着语言以及其他。我们很容易看到或者我们本身就有经历：当孩子哇哇大哭的时候，打开音乐盒，美妙的声音响起，孩子的哭声马上就会停止，两眼专注地盯着音乐盒，似乎在琢磨着那里面到底是什么，何以如此神奇？这就是声音的魅力。

在现今的儿童商品市场上，声音的运用已经到了无处不在的地步，他们一次一次地牵动着儿童的听觉神经。如通用食品公司在20世纪60年代曾推出跳跳糖，获得了意想不到的成功。其势头之猛，简直没有任何一种糖果可与之媲美。扔几颗跳跳糖在嘴里，就会发出劈里啪啦的声音。这一发明事实上来自于一个偶然的发现。通用公司本来是要研究一种能使饮料发出声响的方法。在研制过程中，他们发明了可以将二氧化碳压缩在甜食里的突破性工艺。在跳跳糖推向市场之初，通用食品公司由于担心市场饱和，决定一种糖果包装只生产几个月，就用另一种来代替它，但每种都会发出声音的原则不变。这有效防止了对一种包装的糖果可能产生的厌倦心理。

可以肯定的是，在商品的听觉效果方面，首创性决定着商品的重大影响以及成功。如果商家在一个原本没有声音的行业里开创了一个独一无二的首创声音，那么无疑，成功的可能性将大大增加。

3. 注重产品的触觉感受

一个十七八岁的女孩选购一个玩具猫的第一个动作是什么？触摸。那些毛茸茸的玩具猫因给了她们柔软细腻的感受会使她们爱不释手，而且她们会整晚抱着它们，与它共眠。这种行为表现了她们对良好的触觉感受的独特喜爱。一个十七八岁的女孩尚且如此，那么儿童呢？情况同样如此。

儿童市场中，商品的可触摸性或者说商品的触觉感受如今已经越来越受到商家的重视。在提供独特的触觉感受方面，通用食品对Jell-o Jigglers果冻制作方式的改进是当之无愧的典范。这种果冻提高了稠度以便可以切成各种想要的形状并且允许抓在手心里。在广告中大肆宣传："从今以后，吃杰罗（Jell-o）果冻可以用手抓他！"这样的宣传对儿童来说无疑会激起他们尝试的欲望。Jigglers通过圣诞节、复活节、侏罗纪公园、字母表等等不同的名目对产品加以改进，从而提供更为时尚的、特别的形状。对于那些一直喜欢玩具果冻的孩子们来说，这种新产品太有吸引力了。据有关资料显示，通用食品巴杰罗（Jell-o）果冻改造成既可玩又可触摸的手抓食品后，其销售额在第一年就提高了7%。在孩子们有了良好触觉感受后，商品的成功是自然而然的事情。

4. 关注儿童的口味要求

这主要是针对儿童食品市场营销策略的一项要求。虽然说，食品也可以在视觉、触觉、听觉方面下工夫，但终其结果，食品还是会落实到口味上来，这是基础，只有在良好口味的基础上结合其他营销策略，商品的永久"魅力"才可实现。

在美国，有一种冰淇淋品牌叫巴斯基—罗宾斯。它可以算是在儿童饮食口味方面成功的典型。这种品牌一共生产了700多种口味的冰淇淋。新口味的不断推出使他们在冷饮制品业长盛不衰。此外，他们在产品开发和命名方面一直紧跟潮流。比如，几年前，为迎合全国上下对披头士的崇拜热潮，他们推出了一种叫做“披头果”的冰淇淋。詹姆斯·波顿的风靡又使他们的“0031蜜式波顿口味”火了一把，此外，那些迎合减肥和脱脂等健康呼声的品种就更不用提了。巴斯基—罗宾斯已经发现了足够让自己的产品再旺销50年的生存法则。他们私下里迎合那些爱吃甜食的孩子的喜好，表面上则打着各种冠冕堂皇的旗号，有时则贴上潮流的招牌。目前，全球每天有150万的消费者在享用巴斯基—罗宾斯的产品。不少的竞争对手如哈根·戴兹、本—杰瑞等先后崛起，给巴斯基—罗宾斯造成了一定的威胁。不过，时间和市场将最终证明谁是真正的高手。

5. 注重儿童的嗅觉要求

所谓嗅觉就是对气味的感受。对一个女孩子来说，香气具有的诱惑和吸引力不容置疑。但也不仅仅只是女孩，男孩同样具有这种特点，只不过不一定在香味方面。

尼科洛迪恩推出的游戏软件“闻闻我的味道”汇集了各种香味，如比萨饼和爆米花的味道，又甜又腻的古怪味道等。洛杉矶市动物园的儿童部有一台机器可以专门制造各种各样的气味，孩子们只要一摁按钮，就会出来一种动物的味道让你鉴别。这是一种让孩子们入迷的游戏。

在目前中国的儿童商品市场上，我们尚没有发现在味道方面独树一帜的时尚品牌。这无疑是商家的一个难得的契机。

6. 满足儿童的多重感受

从儿童的官能感受入手发展各种与之相符的儿童商品品牌特征是一条有效的营销策略，但另一个问题是，儿童的官能感受，包括听觉、视觉等对商品的作用都不是独立的。儿童对某种商品是否发自内心的喜欢是多种感受的综合作用的结果。为了赢得孩子们的关注，商家展开了激烈的竞争，试图通过多方面地满足孩子的感官及理性要求。触动儿童的内在感觉作为向儿童营销的一项策略理应对儿童感觉的各个方面进行全方位考虑，以求具体的实施计划更加完善和完美，从而最大限度地吸引住儿童顾客。使产品在孩子们心中有了更深的意义。唯有真正触动孩子的心才是真正的成功之道。

真正成功的儿童品牌商品不仅能抓住儿童的感觉，而且对儿童关注的各个方面都会给予极大的满足，这正是它之所以成为品牌商品的根本原因。

（二）符合儿童幻想世界

儿童是一个容易产生幻想的群体。幻想对儿童来说，是难以压服的，尤其是那些最为美妙的幻想，因为它是深藏在孩子们心底的夙愿，渴盼着驾驭、成就、自豪、承认、爱以及被接受。

现实生活中绝大多数儿童的幻想并不为大人世界所接受，其中包括儿童的父母及亲人，这种情况使得幻想本身对儿童本身更具有诱惑力。理解并垂顾孩子的幻想的商家将在市场上占有一席之地。他们懂得孩子的白日梦并不是凭空冒出来的怪念头，而是折射孩子心灵的一扇扇窗户。他们希望变得富有、成熟和强壮，成为举足轻重的人物、体育明星或某一领域内的知名人士等等。虽然在某些方面男孩和女孩的幻想表现出的差别在预料之中，但其他一些方面却很相似，尤其在追求富有和权利方面。

儿童的幻想对儿童本身来说是一种重要的生活思想内容，它来自于现实生活又超越了现实生活。在帮助孩子实现梦想方面，制造商们或创造了新的品牌，或对已有品牌进行了创新，或在电影、书籍及孩子们感兴趣的领域编制引人入胜的故事情节及人物。他们之中的佼佼者已成为展现儿童幻想方面的超级时尚品牌。

1. 儿童对“长大”的幻想

渴望自己成熟，渴望自己长大是儿童最普通的思想，而同时也是融合了他们最大幻想的一个方面。儿童渴望长大的幻想与他们生活的特定环境有关。而且，一般来说，无论孩子现在有多大，总是希望自己能比现在更年长一点。对男孩子来说，长大意味着拥有更强壮的肌肉、更敏捷的动作，更重要的是，可以拥有梦中的女孩。对女孩来说，长大则意味着更丰满的身材、更多的朋友和梦中的男孩。如果说让孩子在一夜间长大是不现实的话，那么让他们感觉到自己已经长大或许是可行的。儿童化妆品可以使7岁的女孩感觉自己是成熟的。十速的自行车可以使9岁的男孩感觉自己像是10岁。

儿童对长大成熟的强烈幻想无疑是商家可利用的商机，同时，符合儿童的幻想世界，满足他们对幻想的需求又是成功的商品所必须遵循的一条营销策略。有些品牌已成功地展现出自己是如何帮助孩子找到成长的感觉的。有一则牛奶广告是这样的：一个15岁上下的男孩子，站在一个更年轻的，大约12岁的女孩身边，眼睛望着另一个方向，像是完全忽略了女孩的存在。女孩根本不在意，开始喝牛奶，然后我们看到，她一边喝牛奶，一边渐渐地长大、变得成熟，成为一个楚楚动人的20多岁的姑娘。此时，她仍然站在男孩的身边，不过相形之下，男孩显得又小又稚气。在女孩长大的过程中，我们听见她在诉说着牛奶的好处：可以给她很多她梦想得到的东西，健美的身材、光洁的肌肤、灿烂的笑容等等。这有外而内的呵护帮她长成了一个美丽的女孩。当她完全长大成熟后，她对身边的男孩宣称“我已经远远地超过了你，你将成为记忆。”同时广告中话外音响起：“牛奶能强身健体。”这个广告把产品的属性和孩子的真实幻想联系在一起，使它成为反映孩子内心梦想的一面镜子。它的成功之道不仅在于向消费者传递了牛奶能健骨、美肤等产品功能，更在于生动地展示了信心和力量等感性因素。

儿童商品营销不能够忽视儿童对长大成熟的幻想，正如不能忽视儿童的感觉一样，这是商品营销策略得以有效的前提条件。

2. 儿童对“富有”的幻想

对富有的渴望是很多人都无法回避的现实，这种渴望在成人世界并不亚于儿童世界，甚至有过之而无不及。但是区别于成人世界的是，儿童对富有的渴望是建立在虚幻的想象中的。灰姑娘的故事就是最著名的丑小鸭变白天鹅的故事。女主角原本衣衫褴褛，生活没有丝毫浪漫可言，终日遭后母的虐待；可是后来却得到了仙女的帮助，凭借她赠送的一双美丽的水晶鞋获得了王子的爱。这是一个古老的故事，它得以流传至今，证明它深深地打动了孩子们的心。

成功的例子不乏其数，在儿童世界里，人人都幻想着一夜之间成为大富翁，有数目惊人的财富供自己自由支配。成功的品牌也正是迎合了他们的这种心理而得以成功的。比如有一种叫“超霸”的游戏。该游戏为每一个人提供了种种可能，诸如有可能一下子成为有钱有势的贵族；也可能突然沦落为一无所有的囚徒。游戏过程充满了激烈的竞争和各种各样的机会，当然还有诱人的财富。它在满足孩子“拥有财富”欲望方面做得是如此成功，以至于至今没有任何一个别的游戏可以与之抗衡。一个设计完美的游戏无需像化妆品一样频频推陈出新也可保持时尚地位。好的游戏对游戏者有着无可比拟的吸引力。每一次玩，他都会有不同的体验，或发现自己每次都会面对不同情况，或面对不同的对手。他玩得次数越多，就越有经验。因此，技巧的掌握、机遇的把握、潜在梦想的可能实现以及获胜的喜悦和失败的威胁综合形成了一个时尚的品牌。

游戏如此，其他商品同样可以如此。但首要的是商家是否能够认识到儿童对富有的幻想的力量所在，并制定与之相对应的营销策略，这是儿童商品营销成功的关键所在。

3. 儿童对“成名”的幻想

一位在台上面对千万观众尽情表演的明星对儿童的诱惑是不容置疑的，这正是儿童为什么更容易崇拜明星的缘故。名声让人感觉到自己的分量。很多男孩都拥有与体育运动相关的梦想。女孩同样会幻想成名，不过她们幻想的可能是成为歌星、舞星、电影明星或者世界级的体操运动员。这种成名的幻想里虽然有着幼稚的成分，但从中可发现女孩们希望自己美丽及机敏灵巧的印记。

有些品牌正试图涉及“成名”这一普遍的心理需求，以便将自己和孩子们联系在一起。如麦当劳公司就曾发起过一个以“假如让孩子们管理地球”为主题的广告活动。有不少参与活动的男孩梦想成名，尤其能成为NBA球星。这使他的梦想毫无掩饰的流露出来，这一篮球明星之梦驱使他们走进麦当劳。实际上，麦当劳正是借孩子的梦想来建立和孩子的密切联系。当然，在现今的儿童商品市场营销中，商家试图以儿童幻想成名为突破口的营销策略有很多的表现形式，并非指体育运动一种。

比如美国奥斯卡・迈耶至今为止设立的最大一个奖项是在美国90个城市举行的“天才明星选拔活动”。孩子们通过唱一些广告歌曲和品牌紧紧地联系在了一起。活动的获奖者将入选奥斯卡・迈耶的商业广告节目。这可是真正的成名。这种方法不仅给孩子们提供了成名的机会，而且吸引了那些相信自己的孩子有明星天分的家长。

这种创意的诱惑力不容怀疑，作为一种营销策略，它所能带来的成功也同样不容怀疑。

4. 符合儿童“转变”心理

转变是儿童的现实世界与幻想世界之间的桥梁，而对于某些商品，譬如说游戏，主人公一次成功的转变给了儿童更加信服幻想可以成真的理由。这是商品营销策略中非常重要的。如果设计巧妙的话，这种转变过程是非常有震撼力的。

儿童商品营销的秘诀不仅仅只是提出儿童的幻想，幻想加上实现转变的途径才是真正的魅力所在。我们可以看到很多专门为孩子制作的影片、电视节目或连环画在这一方面夺取的奇妙效果。如《哈利・波特》系列和《蜘蛛侠》等。

幻想的实现途径已为很多商家揉进了儿童的幻想世界，这或许正是许多商品令儿童们久久痴迷的根本原因。

（三）满足儿童的征服欲望

在儿童的心理欲求中，有几个方面是非常重要的。如儿童对力量的追求，对善良战胜邪恶的斗争的正义感追求等，这是一个儿童的特定的内心思想，同时也是他们最强烈、最重要的思想。但是儿童对这些方面的追求并不仅仅只是一种简简单单的追求，它们共同表现出一个更深层的目的——征服或主宰。儿童非常渴望能够主宰自己，并通过自己的力量征服某种领域。

这些欲望对于商家来说确实是再好不过的营销契机。假如商家能够通过某种途径满足一个为此而苦恼的孩子的欲望，他无疑会从内心深处被吸引——而这正是商家应当探索研究的营销战略。

事实上，孩子在人生之初，几乎无法主宰周围世界的任何事物。因此，他们渴望在自己的存在范围内能有所驾驭和主宰，无论以何种形式。他们所渴望的驾驭有些是浩大无边、异想天开的，有些则是渺小而现实的。

在利用儿童对无法征服的领域的驾驭欲望方面，许许多多以儿童为对象的生产、制造商有着相当出色的表现。比如，但凡看过《星球大战》三部曲的孩子，无论大小，都不免憧憬自己有朝一日也能获得这样的一种神力，从而驾驭所有无法驾驭的事物。这是一种引导孩子陷入幻想的强烈情绪，能够迎合孩子这种心理的制造商能使这种情绪扩大化。

假如说孩子驾驭无法征服的领域的欲望是虚幻的，是不切实际的，那么，儿童对驾驭与自身相关的事物的欲望则是一个很现实的问题。孩子们喜欢驾驭和自身相关的外部世界，这种驾驭在他们成长的过程中树立了一块块里程碑。随时随地的驾驭一些物体能够提供成长的美好感觉。儿童驾驭的欲望通常表现在控制事物和主宰自己的选择两个方面，这两者是儿童驾驭欲望的主要内容。

主宰自己的选择。为孩子提供主宰其个人选择的机会对于商家来说，其重要性不仅是满足了其驾驭的欲望，同时也为他们提供了表达个人喜好和愿望的机会。而且从另一个方面来说，也满足了儿童参与的愿望。

相对于在体现个人喜好和个性的选择来说，对事物的控制似乎更为吸引孩子。遥控玩具车是一种典型的满足儿童控制欲望的商品。由于这种玩具使孩子实现了凭借自身力量对远远无法移动的物体实行控制，因而获得了巨大成功。

商家满足儿童控制事物的欲望的创意在各个领域都有所涉及。他们为孩子提供了满足控制心理的种种方式。

二、儿童产品的开发创意

现代市场营销学认为，在现代社会化大生产和商品经济条件下，产品是一个日益复杂的整体概念，它包含三个层次：实质产品，指产品的基本效用和用户购买产品所追求的利益；形式产品，包括产品的品质、特征、品牌、形态、包装等；延伸产品，主要指一系列的售前、售中、售后服务。

商品的品牌创意是商品得以在儿童商品市场存在及发展的前提条件，它是儿童商品开发最基础、最重要的内容。商品固有的吸引力对商品成功与否的影响是首位的。成功的儿童产品需要以儿童所喜欢的产品或服务作为基础。所以只有了解儿童热爱的理念后，才会取得良好的开端，但是独特有益的理念并不容易得到。很多创意来自那些具有创造性的人在被雨淋时，或在散步时，或在于同事漫不经心的闲聊时，或在逛超市时灵感突现，冒出来的念头，毫无规律可言。

事物的内在联系是创意的根源所在。也就是说，创意的起始之初在于发现事物之间内在的、隐蔽的关系。真正有创造力的人与生俱来就具有产生创新性想法的能力。事实上，事物与事物的联系是广泛的，不受限制的，这正是大千世界中参差百态息息相存的一个重要的特点。所以，创意的源头永远也不会枯竭。一个真正有创造力的人必然会坚信这一点，并真正从事物的内在联系中获得启示。

创意儿童商品要满足儿童情感心理、儿童的感官需要和儿童生活环境三个方面。儿童情感心里包括获胜、力量、勇气、美丽等诸多方面。儿童情感心理是创意必须遵循的基础，只有符合儿童情感心理的创意才可能获得成功。儿童的感官需要指视觉、听觉等官能感受的需要，与之相对应的是产品外形、口味等。由此也向我们提出了更高的要求，努力探索自己的产品特色，以便使我们采用一种能够把自己的新品牌与市场上具有竞争力的同类产品区分出来的方法，从而满足儿童的心理需要。而儿童的生活环境则要求我们以儿童的眼光，从儿童文化的高度，看待所要创造的产品，即从潮流趋势和时尚出发，同时结合儿童生活的家庭背景，把握儿童的基本兴趣点。

儿童的情感心理、儿童的感官需要和儿童的生活环境都会与某一特定商品发生关联，既体现在对商品的要求上，比如说一个儿童购买自行车，往往与儿童的控制欲、权利欲相对应。我们先假设一种情况，你的企业生产自行车。如果你的产品确实能够让孩子感受到力量，那么该产品就会拥有市场竞争力。如果这样的想法有道理，我们不妨继续往下想。也许生产的自行车应该具有声响功能，会发出打仗时常发出的声音。这种声响能够满足孩子的主观感受。自行车的外形可以像架喷气式战斗机。也许再给它安上一把喷水枪，“开火时”只需用大拇指按动装在手把上的按钮，水流就会喷射出来，射向对面的“敌人”。我们给这种自行车取名为“战斗自行车”。猛然间，我们仿佛看到一群七八岁的小男孩骑着自行车呼啸而过，好像他们驾驶着战斗机在2万英尺的高空与敌机交火。

再比如说生产儿童床上用品。孩子是父母牵肠挂肚的人，他们需要安全，渴望关爱。在这种情况下，创意的基础是消除他们的恐惧感，即设计出能使他们感到安全的特色产品。于是，我们可以设计这样一种枕头，每当孩子枕在枕头上，这个枕头就会发出母亲唱的催眠曲，我们取名为“催眠妈妈”。每年都可以根据不同的流行形象装饰枕头，从而不断更新产品花样。甚至可以想办法把孩子和母亲的形象装饰在枕套里。这样呢，孩子整个晚上都可以依偎着自己的妈妈，听着催眠曲入睡。

实际上，最有成功可能的想法是那些满足了同类产品的竞争者无法满足的某种基本情感需要的想法，从而填补了儿童的心理空白区。这就是最终目标。

儿童产品在市场上取得一定成绩，拥有一定知名度后，就可以进行产品的拓展。当某一产品从一个类别跳跃到另一个类别的时候就是产品的拓展。有时它也被称为拓展性创意。

在过去相当长的时间里，一部好的电影构思只是一部好的电影构思。一个好的玩具创意只能是一个好的玩具创意。只能是种豆得豆，种瓜得瓜，很少能迭加起来。但是如今这种彼此之间的壁垒终于打破了。电影可以变成玩具，玩具可以变成电影，两者又可以分别变成电视节目。再变成床单，铅笔，或其他东西。创意的拓展已被商家运用到了极致。

最具威力的拓展产品都具备一些共同的要素。首先，这些产品在最初产生的时候就极大满足了儿童的需要。也就是说，从一开始，这些产品就有很强的生命力。一旦引起关注，这些产品就很容易进入其他领域。如果它们以一个故事框架为依托，效果会更好。比如，这个故事讲述的是一个令人同情的小人物终于越过了重重阻碍，实现了自己的人生目标。这样的故事和这样的主人公深深地抓住了儿童的情感，使他们产生了极大的认同感。孩子们怀着这样的心情，就会模仿故事中主人公的言谈举止，服饰穿戴，于是他们就会狂热的购买与主人公有关的各类商品。

符合这种情形的拓展性创意在当今社会上有许多成功的案例。比如美国动画片《忍者神龟》，在成为动画片之前只是流行了5年的连环画中的主人公。然后成为一系列玩具，最后拍成电影。

儿童商品的创意是灵活多变的，可以为直接的创造性联想，也可以为拓展性创意。但无论如何，在商品创意上的一个基础性要求就是要符合儿童的心理，并深入到儿童世界中，把握儿童文化的特点，这是儿童商品创意成功的关键所在。

三、儿童商品的包装设计

厂商在设计产品包装时要设计成大人放心孩子欢心的包装。首先应设计适合儿童心理和能力的包装。由于儿童手的灵巧性、力度以及儿童的知识领域还未达到成人的程度，对于儿童消费品，尤其是食品应设计成开闭方便、重量体积适当、剩余产品便于储藏的包装。其次，儿童商品的包装应没有潜在危险性。如玻璃容器易破碎，容易发生危险，应改用其他材料来代替；有拉手的易拉罐会割破孩子的手等。厂商在设计产品包装时，应为儿童着想，设计出安全、理想的包装。再次，包装价值要与实物相符。有些商品本身并无什么特殊性，却配以豪华包装以增加产品的价值，甚至包装的价值大大高于商品本身的价值，孩子们打开包装，发现里边不是自己所期望的商品，就会有被欺骗的感觉。因此，包装应与实物相符合。最后，应使用儿童能懂的“语言”。低年龄的儿童对包装上的文字说明理解困难，厂商在设计包装时，应考虑使用孩子们能明白的符号、图画等，帮助孩子们选择到合适的商品。同时，包装作为一种特殊媒介，又会使儿童学到很多知识和技巧，丰富孩子们的语言，使儿童的生活更具乐趣。

如在儿童食品包装的设计上，可以在产品的外观、包装设计和颜色图案等方面多下工夫，突出“新奇”，以吸引孩子们的注意力。例如将产品形状设计成各种动物或小孩的智力玩具，包装上采用卡通人物等等，争取最大限度吸引孩子们的好奇心。对家长来说，产品是否具有营养最重要，所以在产品中要加入一些维生素、钙、锌等元素，同时加大产品营养的宣传，详细说明产品中包含的营养成分；而且要在产品包装上要显示出非常干净卫生。

又如在儿童饮料的包装设计上，根据全球儿童饮料新产品品类分析发现，儿童产品主要集中在以健康、营养诉求为主的果汁、牛奶方面。儿童饮料有了营养和口味是远远不够的，还需要在包装设计上迎合目标消费者的功能需求与心理需求。儿童产品的包装应该具备安全、方便、快乐三方面的基本要素，不同年龄段的儿童饮料在这三方面需求上的侧重点不一样，包装设计也就风格迥异。

婴幼儿的父母关注对孩子健康、营养的产品，这些产品的主要购买者是父母，因此在包装设计中应考虑营养、安全、值得信赖的设计风格。要在包装上非常清晰地注明成分和配方，帮助父母了解里面的营养、成分的来源，建立信赖感。针对很多年轻的父母不知道产品的使用方法，在设计细节方面可以很清晰地讲明如何食用，以避免使用中造成不必要的误解。婴幼儿的包装有两大类设计风格，一种是表现产品的天然成分，有非常高营养、高价值的产品；另外一种就是用婴幼儿图片、玩具包装设计吸引父母的眼球。

4到12岁年龄段的目标消费群除了父母，更重要的还要吸引孩子的注意力。这个年龄段的儿童最关注有趣、健康、营养、好玩等元素，所以儿童包装设计既要很清晰地标明成分，让父母放心，得到他们的认可。同时要在设计风格上吸引孩子们。比如颜色愉快的风格，带有一些冒险、刺激、令人兴奋的故事，可爱的卡通形象、可爱的人物等等。达能2004年在西班牙推出了一个针对10到12岁儿童的具有高附加值的果汁牛奶。这个产品取得成功，首先因为它的口味比较新奇，符合儿童的要求；另外这个产品比较有营养，果汁和牛奶双重营养满足父母的期望；第三，产品采用创新独特的利乐威包装，符合新包装、新口味的原则；第四，卡通人物来代言，非常吸引儿童。这个产品是一般的果汁产品价格的两倍。但这个新品成功关键在于，它是比一般饮料更有营养，同时对于孩子们来说，里面还有好玩、快乐的因素。

13到18岁的少年儿童属于第三个年龄段的消费人群，这个年龄段跟前面的年龄段完全不一样，他们对新奇、好玩、冒险和新花样感兴趣，可以很自主地选择自己喜欢的品牌；他们喜欢的东西必须要有“酷”的因素在里面，有流行的元素在里面，并且产品有传递非传统信息的感觉在里面。全球少年饮料包装特色归纳有三类：与众不同、有主张；酷感简约的风格；和颜色鲜艳、富有表现力。

改变是必然的，儿童商品需要不断注入活力来保持儿童的兴趣，现在包装的角色远胜于一个推销员。小小包装能很好地传递不同类型促销信息，比如各地流行主题，抓住儿童追逐流行的稚心；产品包装也可以作为和孩子沟通的良好平台，比如德国一个比较有个性的包装，儿童被邀请设计包装上的空白处，然后寄回公司参加比赛，获胜的照片将被印在包装上，让小朋友本身参与到产品包装设计中来，更加拉近了与儿童消费者的距离。一个好的包装在促销上应该是一个强有力的消费工具，并且是传递信息的媒介，是和消费者产生互动的平台。

四、儿童市场的调研方法

市场营销的前提是对市场要有足够的了解，所以在进行营销之前进行市场调研是必要的。当然，市场调查只是增加了成功的机会，它不一定能获得成功，因为在商界，各种因素不断变化，没有任何东西可以保证做到这一点。但是对市场进行调研能够防止犯一些基本性的错误。

（一）儿童市场调查形式

在儿童市场调查中，与孩子面对面交流是一种比较重要、同时也是比较有效的形式。面对面地了解情况有助于与孩子保持一种亲密关系。有些商家在一年中的每个季度都把孩子请进公司安排几次这种面对面的谈话；有些公司选定专门地点，组织孩子们进行集体讨论；有些公司则专门观察小孩子在学校、商城和街上的行为表现；还有些公司利用互联网加强与孩子的沟通，增进彼此的了解。

这些情况都有助于厂商产生创意，发现自己产品的优点和缺点；了解产品的市场走向；产品上市后如何做好广告宣传等等。这些知识的积累为创造长盛不衰的新品牌打下了良好的基础。

相对而言，儿童市场调查比成人市场调查要容易得多，这是因为儿童的心灵是不设防的，诚实和直率是他们一贯的作风。但仍有一些问题不容忽视，以下三点是在调查时需要注意的：

1. 能否自由表达

孩子是否能够进行自由表达受年龄的制约，比如说5岁以下的孩子因为年龄小，受到词汇量的限制，受到羞怯心理的束缚，无法表达自己的想法。遇到这种情况，就另选别的孩子。在以重点调查的形式开展调查访谈时，最好让参与的孩子在一位他依赖的朋友的陪伴下进行，可以把交谈时紧张的气氛化解一些。调查开始时，先问一些轻松的问题，这样可以迅速拉进双方的距离，使孩子处在较为自在的环境，有利于他们倾吐心声。

2. 缓解孩子压力

与年龄小存在自由表达的限制相对应，孩子在年龄增长后其压力问题同样会阻碍调查的顺利开展，比如，调查活动围绕12岁的女孩子进行时，常常会发现这样的情况：当向其中一个女孩提问，被问到的女孩在回答之前一定要瞅瞅同组的其他女孩。事实上，她正试图从同伴的表情当中了解到某些信息，以便自己作出妥当的回答。所以，在与一组孩子交谈时，最好让年龄较大的孩子把自己的看法写下来，然后再进行公开讨论，发表意见。如果一次只跟一个孩子交谈，也是很好的方式，这种方式对于谈话的深入是有益的。因为这样做减少了外部压力。在调查时，最好男女分开进行。如果不分开，男孩子就会在女孩子面前故意炫耀，而女孩子则一声也不吭。如果是以重点调查的形式，最好把级别相近的孩子分在一组。这样，孩子们的起点是一样的，不会因程度不同产生矛盾。

3. 克服厌烦情绪

一般而言，小孩子缺乏耐心，他们对一件事情的关注不会持续太长的时间，在一段时间后，他们的注意力很容易分散。如果发生这种情况，调研人员应该开展形式多样的活动，以保持孩子注意力的高度集中。

（二）儿童产品调查内容

1. 产品特质

产品的特质（产品与众不同之处）是满足儿童情感的首要因素。所以，产品特质也应当是营销整合时必须首先考虑的因素。行业的发展前景取决于该行业的性质。比如说在食品行业，口味是所有一切运作的归宿。这种食品是不是太甜了？太酸了？或太粘了？这些都要细细加以研究，马虎不得。新玩具一定要进行测试，以确保该玩具适合的儿童年龄阶段。

2. 产品名称

产品名称是产品特质及产品情感诉求的载体，一个好的产品名称对产品成功的促销作用是不容低估的。所以要请小朋友们帮忙，看看他们对各种各样待定的产品名称感想如何。做法很简单，只需问问他们：你觉得这个名字是什么意思？那个名字代表什么？哪个名字起得好？哪个名字起得不好？哪个名字最能体现产品的特色？哪个名字最吸引他们？总体上来说，对产品名称的要求应当是短小精干，既能点明该产品的最大特点，又能传达出产品所能满足的情感需要。

3. 产品包装

产品的包装是产品最直接的形象，对于儿童来说，产品包装的吸引力非常大，所以要通过市场调查以确定产品以什么形式出现在货架上最能吸引消费者的注意力，最能体现出该产品的独特之处，以展示其独特的魅力，这是市场营销整合的重要要求。确定产品包装是否始终如一地传达出品牌的整体创意是非常重要的。例如，把所有包装好的样品分开摆放在统一的展台上，分别安排两组消费者观看样品，然后确定有多少消费者因为身处消费气氛浓厚的环境而挑选了具有先声夺人气势的产品。

4. 产品定价

从某种意义上来说，价格是为家长们准备的，因为小孩子对价格的关心几乎于无。事实上，从这一点上可以看出市场营销整合需要进行全方面考虑。定价的重要性在于它为产品进入市场后处于何种位置定下了基调。价格的定位与厂商的边际效应密切相连，同时又要时时刻刻注意竞争对手的动向。定价也是产品能否占领市场的重要武器。在低价位商品主导的市场中，高价位商品大有立足之地，因为它可以提供品质更佳的商品。而在高价位主导的市场中，低价位商品也可以尽显其价廉物美的优势。这样，产品本身的价值，展开了无数次价格的较量。通过对价格定位的市场测试，可以确定价格上升时产品的发货数量。并可据此画出需求曲线图，它能在很大程度上反映出家长作为守门人角色的重要性。

5. 产品广告

产品广告必须在准确地把握市场变化的基础上，采取各种措施以保持广告的有效性和吸引力。在进行产品广告调查时，可以通过对儿童进行定价调查或定量调查的方式向儿童出示各种广告概念，让他们定出级别。来决定哪一种广告最完美地体现了某一品牌包含的理念，并以吸引人的方式传达给儿童消费者，激发起他们的购买欲。一般而言，在定位调查时，最好的且行之有效的办法是这项调查的目标可以帮助厂商最终确定有效的广告，从茫无头绪中取得突破，传送出品牌名称、产品的主要特点和好处。如果厂商能够发现一种广告方式，这种方式能够做好这一切，同时又能很容易更新品牌观念，那将是通向长盛不衰广告的道路。

6. 产品促销

产品促销是一种典型的市场准入手段。商家可以拿出促销的想法，让孩子决定哪一个能够帮助新产品有一个成功的市场投入，并传达出有吸引力的信息。最好的促销不仅能够传达出吸引力的所在，而且能够加强品牌的继承。只要持之以恒，正确的促销手段能够帮助品牌永远跟上时代潮流。

五、儿童商品的价格制定

（一）恰当的运用商品定位方法

儿童消费主要有两种基本情况：一是购买者和消费者一致，即儿童的消费品由他们自购自用，一般是那些价格低廉、经常使用的学习用品及小食品、小玩具等小商品；二是购买者和消费者分离，即儿童所用的消费品由他们的成年家庭成员购买，一般是那些服装、鞋帽价格高些的其他商品。从营销实践来看，以儿童为目标市场的企业，必须要针对儿童消费心理和行为特征，恰当地进行商品定位。一般情况下，凡儿童自购自用的商品要直接针对儿童的心理定位，对于由成年家庭成员为儿童购买的商品则要针对成年人对儿童消费的心理进行定位，以吸引这些成年人购买。

（二）以不同方式满足不同对象

不同对象是指商品的购买对象和消费对象。消费对象又包括了儿童中不同年龄段的消费者。儿童是没有经济来源的，这就决定了他们的消费心理及购买行为不能完全脱离成年人的消费活动，从而形成了儿童商品的购买对象与消费对象有可能一致，也有可能不一致。

1. 儿童是直接购买者

儿童是直接购买者的情况下，需以儿童为中心进行心理分析，在特定的定位的同时采取各种技巧满足他们同样非常重要。一般可采用儿童喜闻乐见的方式来吸引小顾客。

2. 儿童是参与购买者

有些儿童不同程度的参与父母为其购买商品的活动，如购买电动玩具、运动鞋、小食品等。此时，商家要考虑父母的要求，也要考虑儿童的愿望。玩具、用品的外观要尽量符合儿童的心理特点；商品的价格要符合父母的要求；用途要迎合父母提高儿童智力等能力的心理。总之，应该同时照顾成年人与儿童的购买心理，向双方推销才能取得良好效果。

3. 成人是直接购买者

一般而言，较为贵重的儿童商品，比如服装、高档学习用品、贵重玩具等都是由家长或成年人为儿童购买。此时成年人的购买心理更为复杂。由于父母对自己孩子的关怀，感情性的购买心理占有重要位置。商家对商品的设计要求、价格制定可以完全从年轻父母的消费心理出发。儿童商品的款式、造型要考虑不同父母审美情趣的要求；商品质量要考虑父母对儿童给予保护的心理；商品价格要适宜；商品的功能要诱发父母对孩子健康成长和智力开发的关怀与重视等等。

六、开发产品注意事项

1. 需结合家庭时代特征

自实施计划生育以来，我国人民的家庭结构发生了本质性的变化。从我国的目前实际出发，二三十年内独生子女家庭将是时代的特征。据我国人口普查的资料显示，核心家庭（指一对夫妇及其未婚子女组成的家庭）占我国家庭总数的比例有逐年上升的趋势。这种家庭结构形态的比例之大，不仅在我国前所未有，在世界各国的家庭结构形式上也属罕见。独生子女因其“独”，在无形中放大了自身的价值，提高了在家庭中的地位。今天，独生子女所造成的家庭消费已远远超出了玩具、服装和游戏的范围，他们的影响已深入到了长期以来一直被认为是大人决策的领域，如旅游、电脑等。

使儿童在家庭消费中影响不断上升的主要原因是由于绝大部分家庭是双职工，父母与孩子相处时间和感情上的交流越来越少，许多父母为弥补与孩子之间感情上的隔阂，往往倾向于一味地满足孩子物质上的各种要求；同时，双休日父母与孩子相聚的时间很大部分又是在购物中度过的，这在很大程度上加深了孩子们性格中的商业化倾向。

我国目前较多家庭对孩子各方面的投资在一定程度上是以降低父母生活水平为代价的。家长在为孩子购买生活消费品时，一方面是舍得花钱，另一方面考虑“独生”消费（即有些商品只能一次性消费）这一实际情况，更多的人喜欢价廉物美的大众化中低档商品。所以商家在组织开发儿童商品时，不但要结合儿童的生理、心理特点，还要讲科学性、教育性、趣味性、实用性、安全性、卫生性；既要注意生产高档次、高层次的消费产品，更要注意大众消费、“独生”消费的产品，还包括残疾儿童需要的产品，以满足不同层次消费的需要。

2. 需遵循社会道德规范

儿童是一个特殊的消费群体，他们容易相信别人，容易被误导，容易被伤害，容易受社会不良行为（包括商业行为）的影响而影响到其正常的身心成长。面对这样一个消费群体，任何违背道德规范的行为都会受到社会的谴责。商家力使产品或其他商业行为遵循道德规范不仅是责任所在，而且从营销及市场开发的角度来说，它能使商家避免某些不利影响，树立良好形象。事实上，遵循道德规范的积极意义正是抑制其消极作用，而这种消极作用对产品的市场开发有着巨大的破坏力。遵循道德规范对于商家来说，包括产品质量、新产品安全性等很多方面。但仅从儿童的需要来说，主要是需满足儿童的舒适感、安全感和快活感，并使其处于道德规范的范围内。从某种意义上来说，市场开发无非就是创造品牌、满足市场的需要。所以，满足儿童的需要将是达到标准和遵循道德规范的最终目的。

3. 需重视开发假期市场

对于那些学龄期的儿童来说，假期是孩子们放松身心、接触社会、增强多方面知识和技能的好时机，孩子们都希望过一个健康愉快的假期。虽然我们看到不少玩具商、电脑商、眼镜商、广告商、旅行社、书商等等在积极抓假期“商机”，但是寒暑假商场的深度开发还远远不够，与孩子们的要求还有很大的距离。以至于孩子没地方去，没东西吃，生活单调乏味。

这是儿童商品市场极不协调的一个现象。商家一面大力开发儿童市场，一面又忽略了儿童的假期市场，这是绝对应当受到商家重视的。

从孩子消费特点来看，孩子正处可塑性极强的时期，又十分爱玩，但是由于没有太多其他产品可供选择，一些孩子便过分沉迷于电子游戏中，所以要多组织一些健康有益的夏令营、冬令营等活动。

在现今儿童的假期市场上，影视节目、图书、音像制品、电脑游戏软件等视听产品开发已形成热浪，但是孩子们最需要在假期里增强的还有动手能力。拼装模型是很好的产品，但也有局限性，如八九岁以下的孩子还没有能力玩，许多女孩子对此的兴趣并不像男孩子那么高。所以，应该将眼光放在开发更多动手性娱乐产品上。一般而言，假期里，孩子们大多数时间还是会在室内度过。所以，厂家和商家可多开发些室内性游戏产品和健身产品。

4. 需把关儿童产品质量

产品质量是消费者普遍关心的问题，儿童消费者也不例外。许多顾客报怨产品质量问题。如果产品的质量不过关，生产者很难从中获益。比如，口感差的燕麦片或饼干很难再有回头客，时间一长，品牌必然受损。如果哪种食品太甜，父母也不会让孩子吃。如果是个不好的玩具，它将很快地被退回去。这使厂家不仅在用户心目中，而且在零售商心目中都留下了不好的印象，是得不偿失的。如果某个品牌不能以令人满意的方式打动孩子的心，那么这个品牌将会很快令孩子失望。事实上，质量是使品牌跟上潮流的第一要素。孩子们会从父母和自己的经历中懂得这一点。

产品的安全性是产品质量的另一内容。许多厂商把安全列入确保产品质量的首要因素。玩具商在推出某种玩具之前，一定要进行测试以检验其安全性，确保儿童顺畅地玩玩具。食品上要进行口味喜好的测试。如电影在正式放映之前要进行试播，以引起公映前的瞩目效应。通过这些方式，厂商不仅考察了影片的质量，而且对票房前景进行预测。所以，以最佳的质量、最合理的价格出售商品常常是商家的最终目标。这是一种获得平衡的行为。

5. 适度的产品使用周期

与成人对产品周期的高度要求相比，儿童商品的产品周期主要是以适度为基准的，这一点在儿童服装上表现明显。一般而言，儿童在消费心理上具有好奇心和时尚感，他们在消费品使用上，希望更新期较快，不喜欢较长时间使用某些消费品。所以，生产经营儿童消费品的企业，对某些儿童消费品的产品周期要以适应儿童消费心理效果为前提。如，目前大多数家庭都是独生子女，家长为其购买服装穿用两年左右就因儿童身体增长较快而不能继续穿用了，但衣服仍有六七成新，弃之可惜，留之无用。如果儿童服装的原材料使用期设计为两年左右，一方面可以节约原材料，降低成本和售价，另一方面也适应了儿童消费心理上的需要。

6. 提高儿童的识记程度

儿童的记忆往往具有随意性，特别是学龄前的儿童，他们对事物的识记和追忆都是不自觉地，多属于随意识记。但到了学龄中期，儿童识记的能力及持久性大大加强，同时随着年龄的增长，会逐步成为家庭购物的影响者、倡议者，甚至是决策者。

儿童对某种商品有了良好印象，就会增强他们的需求欲望和兴趣，购买行为中的注意力就比较集中和稳定，在群体中影响也比较大。常看到这种情况：小孩吃惯某种食品，会反复购买，看到别的儿童玩了某种玩具，自己也要买。这种玩具会很快在这个群体中普及。相反，如果他们对某种商品反感，要扭转他们的印象也是很困难的。因此，商品的厂牌、商标以及商品的质量很容易引入儿童的头脑中，特别是他们所喜欢的、印象深刻的商品，厂牌、商标会给他们留下长久的记忆，产生深远的影响，有的甚至会影响到一个人一生的购买习惯。因此，为商品设计一些少年儿童喜欢的商标与商品造型就非常重要。如娃哈哈集团设计的“丑孩”商标，使儿童看后难忘那可笑的丑孩形象。就是运用形象策略来吸引儿童消费者的。

7. 将产品打造成时尚产品

儿童消费是跟着广告走的。每天打开电视，细心的观众就不难发现，在形形色色的商品广告中，儿童食品、儿童玩具、儿童用品的内容占了很大一部分。人们常常可以看到，一些儿童食品生产厂家在广告中将自己的产品说得天花乱坠，如夸大营养品的功能，什么吃了就能“增高”、“增智”、“变聪明”、“提高学习成绩”等等。而孩子们看了这些广告后，很快就闹着要吃广告上宣传的食品，理由是“吃了能长高”，“吃了就能变聪明”。难道这些食品真就那么神，吃了就能长得高、变聪明吗？其实并不见得。儿童消费是一种典型的感性消费，厂家之所以这样宣传，完全就是抓住了儿童年龄小、身体、心理等各方面发育都不够成熟，辨别能力较弱，很容易受到外界不良因素影响的这一弱点。基于这种情况，厂家在儿童食品广告和促销方面，在符合家长理性消费特点的基础上，充分利用孩子的从众心理和追求新奇的特点，想方设法地通过种种手段，使自己的产品成为儿童业余生活的时尚话题、道具。这样将会使你的产品取得很好的市场业绩。

第十六章：儿童市场传播方略

传播使商品能获得消费者的注意，加深对商品了解。儿童不会对抽象的事物做出反应，这是由儿童的感性思维所决定的。也正是因为儿童的感性思维，他们感兴趣的事物一般都是要看得见、摸得着的，能感受到的。商家应该努力使产品形象鲜活起来，做到有声有色。产品给儿童带来的感官刺激越具体、越实在，宣传效果就越好。所以真正懂得经营之道的商家会积极地利用各种吸引人的传播形式，从而传达出某种品牌与众不同的特质。

一、儿童获取新产品信息的来源

我们发现孩子们获得新产品信息的方式和产品的类型紧密相关。对那些价格相对昂贵，或者和学习有关的产品——例如衣服、计算机、自行车和书本，家长是最重要的信息来源，其次是逛商店，再次是看电视。由于男孩比女孩更外向些，所以他们在购买以上物品时的信息来源多半来自电视节目和朋友介绍。对那些个人用品例如牙刷、香皂、香波，家长和电视节目在给孩子提供信息方面有着同等的地位。对一些小食品例如冰淇淋、饮料、饼干，商店是最主要的信息来源，其次是电视节目，户外广告，朋友介绍和父母的作用就变得不太重要了。在购买玩具、体育用品和电动玩具等时，其信息主要来自于商店、电视、朋友，三者的地位差不多。

关于儿童获取新产品信息的来源：77%的孩子把电视排在前3位，只有47%的孩子将父母的信息源排在前面。综合排名依次如下：电视节目77%、家长47%、商店信息41%、来自朋友的信息39%、其他媒介和祖父母的影响就小得多了。另外，大众媒体的排名依次如下：电视、报纸、广播、户外广告和杂志。从这个顺序可以看出，年龄越大的孩子受电视节目的影响越大。仅仅从媒体运用的角度来看，儿童电视节目尽管在中国的历史相对较短，但电视已经赢得了大量的小观众，孩子们平均每周看17个小时电视。有74%的孩子读报纸（2.7小时/周），61%的孩子读杂志（2.6小时/周），39%的孩子听广播（6.3小时/周）。有趣的是，当我们将每一种媒介使用的最频繁者单独列出来时，我们发现那些把电视当作最主要的孩子认为电视是其最重要的信息源。所以，电视已经在中国孩子生活中扮演了重要的角色，而且胜过了其他信息源。

此外，我国儿童对西方品牌很感兴趣并且比起他们的父母更不会受传统文化束缚，容易接受来自其他国家的新产品和新观念。因为他们对家庭购买的影响力很大，这也恰恰为西方产品提供了吸引他们父母的途径。另外，即使在相对较为封闭的地方，这些市场也比较容易抵达和沟通。通过市场沟通吸引儿童是很普遍的方式。我国的媒介具有很强的区域特点，因此，在进行全国性的广告沟通时可能会遇到一些困难。也就是说做全国性的广告相对较为困难，不过以较低的成本在各大城市进行媒体购买仍是可能的。

孩子们每周都会去几次商店，他们对广告特别敏感，现场演示的促销方式在我国很普及。孩子们经常羡慕地站在展台前，站在一旁的常常是他们的父母。这一点表明家长们也很欣赏这种人员销售方式而且经常会在孩子们的一再要求下为他们买东西。

在作为新产品的信息来源方面，家长在通过为孩子们提供新产品信息，帮助孩子成长为消费者方面起了重要的作用，尤其是对购买与学习有关的产品和个人用品上。而且，我国儿童对他们父母的很多购买行为有很大的影响。因此，在与他们进行沟通时，采用两种两阶段的沟通方式，即媒介到儿童，儿童到父母和媒介到父母，父母到儿童，应是十分有益的。

那些给儿童看的广告应该注意到孩子对玩的需求、对学习的需求和对想取得好成绩的需求。相反，传递给父母的信息应该侧重于对孩子的教育、培训、侧重于能让孩子身体健康和增加学习能力。可见，谁能通过学习用品、娱乐用品、食物和饮料给孩子带来教育、培训、学习能力，谁就可能具备挖掘中国儿童市场潜力的优势。

二、电视广告对儿童购买的影响

电视广告是影响儿童购买行为的主要因素。一般而言，儿童获取商品资讯的渠道主要包括四种，即电视广告、商店、同辈朋友和家庭，电视广告在这四者中间居于主导地位。

由于儿童具有很强的模仿能力和软弱的分辨能力，对于广告信息他们往往采取全面接受的方式。因此，广告内容的好坏不仅对儿童的身心健康，同时也对儿童品质和世界观的形成均将产生一定的影响。

优秀的广告作品不仅能够培养儿童养成良好的生活习惯，而且可以培养儿童的环境保护意识、遵纪守法意识、文明礼貌意识、尊老爱幼意识。电视台应多播出有利于儿童成长的公益广告，同时父母也应该在儿童观看广告时给予正确的引导。

1. 电视广告与儿童购买态度

电视广告对儿童购买态度的影响是与儿童的年龄增长成反比的，幼龄儿童对电视广告一般都有较高的信任度，从而对广告中的商品产生预期的好感。但随着儿童年龄的增长，他们的这种被影响程度会减弱。出现这种情况的原因主要在于年长的儿童已经可以知觉到广告的推销意图，而且也可能有过广告商品实际使用的负面经验，例如产品实际的利益点和广告承诺不一致，因此对广告的说服性有某种程度的怀疑。认知能力的发展是主要的因素。年龄较长的儿童对资讯的接收、理解、评价程度较高，较能理性地过滤资讯，而非单凭直觉的认知商品。此外看电视时间的长短也会影响儿童对广告的信赖度，收看电视愈长的儿童，其信赖广告程度也愈高。

2. 电视广告与儿童购买行为

电视广告对儿童购买行为的影响表现在很多方面，比如激发儿童的拥有欲、购买欲、促进其进行等。研究发现，儿童看过电视广告后，有90%的儿童想要拥有该项商品，未看过电视广告的儿童只有67%会想要得到该项商品，广告可以引导儿童在同类商品中倾向于某一种品牌的选择。这种选择同样出现在儿童对看过其广告的商品和没有看过广告的商品之间。儿童在这两者中间的选择绝大多数倾向于广告中的商品。

另外，在电视广告中，儿童对食品广告的记忆超过其他广告，对食品广告的回应也特别高，母亲对儿童食品要求让步的频度也最高。研究更发现，大多数儿童最喜欢的广告是食品类，可见食品广告对儿童的行销效益最高。

3. 电视广告对儿童负面影响

由于广告内容涉及人们生活中的各个方面，吃、喝、玩、穿、用样样俱全，其中难免存在一些格调不高、粗制滥造的广告，这些广告对儿童的成长和发展产生着消极的影响。虽然商家的广告是一种营销的手段，但这些广告对儿童的消极影响最终同样会作用在商家的身上，使商家丧失群众基础。

一般而言，值得商家及消费者注意的、对儿童的成长有不利影响的广告分为以下几种：

①不适当地鼓励

很多广告都在某种程度上不恰当地鼓励儿童高消费，刺激他们的消费欲望，有时甚至宣传享乐至上的人生。由于儿童缺乏区别现实生活与电视虚构生活的能力，对广告产品极容易形成一种“我要……”的消费欲望，逼迫父母为其购买广告产品。久而久之，会养成儿童高消费、攀比和追求享乐的心理。对此，家长应针对儿童特点，细致耐心地寻找一种既能满足儿童需要，又能帮助儿童克服可能因高消费广告养成的不良习惯。

②内容太成人化

有些广告采用美女模特，不仅广告用语暗含淫秽内容，而且画面中也常常出现一些挑逗、拥抱、暴露的镜头，容易培养儿童的早恋和早熟，不利于儿童健康成长。如果儿童过多接触成人化的内容，不仅会影响儿童正常的生长发育，甚至会导致儿童童年时代的早逝。为培养身心健康的儿童，父母应严格限制儿童接触有关成人化方面的电视节目和广告，让儿童在正常的环境下健康成长，尽情享受童年的时光。

③传递不文明的举止和不良的生活习惯

由于儿童的模仿能力很强，广告中的不良生活习惯如吹口哨、践踏草坪、污辱或恐吓他人，很容易被儿童当作正常的行为所接受。父母和老师应引导儿童鉴别和杜绝这种不良习惯。

④不利的用语及社会行为引导

有些广告中存在不讲普通话、语言用语不规范，同时也存在着说大话、说假话的现象。有些广告肆意更换成语、使用方言，不仅不利于儿童语言的学习，而且也不利于儿童知识的积累。广告用语的假、大、空也很容易助长儿童不诚实的行为。对此，父母应给予足够的重视，着意培养儿童规范的社会行为。

三、儿童市场营销传播战略规划

如果说产品成功的创意使产品在市场开发中完成了最基本的“硬件”条件，

那么，商品的广告宣传战略则是典型的“软件”操作。商品的广告宣传在儿童商品市场的开发中有着极为重要的战略性地位。广告的作用在于通过广告宣传，将品牌的核心理念传达给大众，从而阐明该品牌所满足的情感需要，以及在孩子生活中所起的作用。

事实上，广告宣传对儿童的影响超过了任何其他的消费群体。儿童喜欢看广告，因为广告展示的五花八门的产品令孩子们大开眼界。全新的产品带给他们耳目一新的感受，原有的产品也让他们心情振奋。广告的新鲜感吸引着孩子的注意力。他们跟大人不一样，如果一个节目暂停，开始插播广告，大人们会利用这片刻间歇干点家务活，而小孩子却不会移动半步，眼睛盯着屏幕，观看广告。他们审视着，欣赏着，为那些充满新鲜感的广告而欢呼，他们会牢牢地记下广告片中的歌曲和人物形象。他们能通过广告来认定哪些品牌值得购买。当看到一则有趣的广告时，他们会兴奋地喊叫着奔向父母，把他们拽到电视机前，大声地发表意见。而大人们往往是不忍心拒绝孩子们的要求的。他们只要看到孩子们喜欢某一商品，总会尽力地去满足他们，使孩子们高兴。从这一角度来说，广告的作用不可替代。

1. 广告整体宣传

成功的广告都会表现出主旨明确、统筹得当，内容连贯的特点。也就是说，在进行广告活动中，广告的各种要素：产品特色、品牌名称、品牌形象等都是相互共存、密切配合，不可分割的。把产品本身特点及围绕产品的相关信息以品牌的形式宣传出去，最终完成营销目标。

从广告的作用过程来看，广告宣传在开始时是品牌产品所特有的与众不同之处，这些特点正是该产品能够满足的情感需要。这些特点又通过意味深长的品牌名称体现出来，然后在广告实施的过程中逐渐使品牌形象鲜活起来。各要素之间紧密地联系是广告产生强大作用力、达到广告宣传目的的前提条件。换句话说就是广告具有整体性。它们组合得越紧密，广告越可能产生效力。如果各要素之间的联系性差，广告失败的可能性就大。

2. 打动儿童心灵

一个广告的作用力首先是从产品与众不同的特色宣传开始。它是广告的起始之处，同时也是广告有效性的基础。就此而言，广告宣传首先要确认品牌所代表产品所具有的与众不同的特色。这些特色五花八门，视产品类别而定。如果是食品行业，需要考虑口味问题；如果是服装行业，需要考虑面料问题；如果是家电行业，需要考虑音响问题。这方面最突出的例子可能是美国马特尔公司推出的“奥运体操冠军芭比娃娃”。这种娃娃身手敏捷，能够做侧手翻、空翻等动作。她还有一整套体操运动服。

儿童的情感需要是与产品本身的特色密不可分的。换句话说，打动儿童的心灵或满足儿童的情感需要首先应当从产品的特色入手。比如上例中的“体操芭比娃娃”提供的玩耍类型就来自于儿童情感中热切的期盼、成就感、自豪感。当然，市场上也有其他一些品牌也具有相同的特点。例如获得把握事物的能力，独立自主的能力，克服恐惧的能力，无拘无束，接受爱和给予爱的能力，成就事业，掌握技艺，实现梦想等等，这些都是感到快乐的源泉。每一种情感都标志着某种品牌在儿童生活中所起的作用。产品特色只是达到这一目的的手段。

总而言之，正是由于把处于广告宣传首位的产品特色和相应的情感诉求传达给了孩子，并切中了孩子心灵的要害，才使得一个形象鲜明的、成功的广告案例问世。

3. 情感诉求品牌

产品的品牌名称在广告宣传中同样居于不可忽视的地位。作为一个特定产品标识，它是使产品本身与产品特色及情感诉求相联系的纽带，它使广告受众在意识中对产品特色和情感利益具体而形象的落实到某一特定的产品上来。一个好的品牌名称对传达产品的内涵具有非常重要的促进作用——它既体现了产品本身的价值又是将产品介绍给消费者的最直接的载体。“体操芭比娃娃”正是这一双重关系的体现。一看名字就知道，这个娃娃是干什么的。当然，也并非所有的品牌名称都要起得“名副其实”，有些品牌名称异想天开，离奇古怪，“名不副实”，却照样能够吸引消费者的注意力。

总而言之，在广告的具体实施中，无论是产品特色，还是情感利益的满足或品牌名称，最终都会越来越形象，越来越鲜明。而经过不懈的努力，广告最终传达出的产品信息也能够既准确又形象。主要特色、情感利益、因品牌名称而加强的特色都会成为走进大众的鲜活形象。这些要素相互之间结合得越紧密，广告成功的可能性就越大，孩子们越有可能体会到品牌与众不同之处。

4. 广告宣传形式

广告宣传形式是短时间内传达信息的途径，特别是作为影响儿童主要手段的电视广告往往是在几十秒钟的时间里完成。在这么短的时间里如何把广告宣传的核心内容形象化，并实现有效的信息传达是一个艰难的问题。解决这一问题需要在表现形式上创意。

①展示式

当一个小女孩出现在屏幕上，喝完一杯牛奶，转瞬间变成一个窈窕淑女的时候，一个看着电视的小女孩不可能不被吸引。这就是展示式广告宣传。这种惊人的展示可以在短短的时间内传达所有的信息。如这则广告中的产品广告不但足以显示该品牌牛奶的营养价值（实质利益），而且还会准确无误地告诉观众，这种品牌的牛奶会增强女孩的自信心并赋予她获得成功的威力（心里利益）。

②证明式

证明式的广告宣传形式主要是以一些产品使用者的现身说法来实现宣传的目的。但注意广告宣传登台亮相的人必须具有吸引孩子的特别之处。

③解决式

很多广告创意人员都会注意到目标受众存在的一些问题以及他们因为这些问题所带来的苦恼，并以此为广告切入点进行解决问题式的广告设计与宣传。解决问题式广告宣传包括两个部分：一是现实问题，引起广告受众的关注；二是从产品的角度找到解决方法，比如我们常见的洗发水广告，先说明头皮屑所带来的烦恼，然后是使用某一产品后，头皮屑神奇般的消失了。这可以算是解决问题式广告宣传的典型。

④代言式

利用代言人进行广告宣传是比较普遍的广告表现形式，而且也被证明是一种非常有效的方式。代言人式的广告宣传主要是利用代言人本身所能引起的名人效应。在有些场合下，名人效应对促销产品可谓作用巨大。

以上是几种常见的、也是比较有效的广告宣传表现形式。当然，我们还可以借助流行音乐、时尚用语、体育活动、社会情感等与孩子的生活发生联系以吸引孩子的关注，或者也可以布置一种幻想的场景或进入孩子的幻想世界等等。事实上，任何一种表现都有其独特的效果。在选择广告宣传的表现形式时的一个重要要求就是结合产品本身的特性使各种表现形式达到有效的组合。

四、儿童市场传播应遵循的原则

商品营销策略中的一项重要内容就是通过各种方式对目标顾客进行有效的传播。传播本身是为目标顾客了解产品，获得商品的相关信息。但从另一个方面来说，有效的别具一格的传播又是一种吸引目标顾客的营销策略，其目的并不仅仅只是让目标顾客了解信息。因此，传播具有双重性，其重要意义不容置疑。

当儿童作为传播受众时，也就坚定了不同于一般的成人似的传播。很明显，我们需要对儿童传播进行认真地思考，以确认如何才能使传播更为有效。一般而言，一些基本的、原则性的问题是必须应该注意的：

1. 把目标当成较大儿童来沟通

一般而言，儿童都希望尽快长大、成熟，尽快进入另一个较大的世界。他们认同年纪较大儿童的言行。当他们的这种需求无法满足时，他们会转变态度，表现为一种希望，即希望被看得较大些、较成熟些和较强壮些。

2. 建立儿童对金钱的认识观念

产品购买的选择和决定是儿童整个成长的一部分，应给予儿童自动自发、独立选择产品的机会，让他们感觉到他们的判断受到尊重。家长也应协助儿童发展商品价格的概念，让他们在处理金钱时，应负使用金钱的责任，学习使用金钱，并建立金钱的价值观。

3. 站在儿童的立场上来做沟通

要使传播易于被儿童接受，就应当尽可能站在儿童的立场上。研究证实，使用符合儿童年龄的广告，能使儿童留下深刻的印象，所以要以儿童的观点和生活经验来撰写文案或发展剧情脚本，运用儿童能够理解的言词或图案来表达，进入“儿童的意识世界”。一般而言，儿童不喜欢静态型的叙述、知识性和教条式的灌输、道德规范式的说明这三种传播形式。

4. 广告创意使儿童生活丰富化

能够使儿童生活丰富化的广告不仅影响着儿童的成长，其本身也影响着儿童对某一产品的好恶，且是非常直接的、具体的影响。因此，达到这一要求是非常必要的。同一广告所累积的频次和各类的不同广告所累积的经验，能帮助儿童感情及智力的成长并开展出生活学习的潜在力量。每一种产品都是儿童生活的一部分，这些产品的广告、促销活动和使用经验，就是儿童生活的片断。当一个产品广告持续地对儿童做某项服务时就会协助儿童的发展，并形成儿童人格的一部分，所以广告人员在设计儿童广告时，应以社会公益角度为出发点，并在此基础上形成强而有力的销售效果。

5. 广告应以男孩为主的表现方式

这一原则似乎不合情理，但一个以事实证明的道理是，以男孩为主题的表现方式，可以同时吸引男孩和女孩，如果仅以女孩为主，就会有失去男孩市场的可能。

6. 发展儿童社会行为和认识技巧

在儿童的世界里，产品以及产品的广告沟通对儿童的社会行为和认知技巧的发展的影响力巨大，他们是儿童在社会许可范围内学习如何满足需求的延伸型事物，产品在儿童生理、动机、人际关系、认知和价值观的发展中扮演了一定的角色，儿童借由使用、食品、碰触及把玩产品等，强化了这些方面的发展，使他们更独立，更健康。

7. 确保广告沟通有利儿童的发展

对于商家来说，广告沟通的最终目的是为了贩卖商品，但是显然，儿童是一个特殊的沟通受众，他们正处在快速的成长发展时期，广告沟通对他们的成长发展有着难以想象的影响力。商家以广告沟通促进商品销量的同时还必须认识到这一特殊受众的特殊情况，以确保广告沟通有利于儿童的发展。从营销的长期效果来考虑，这一点非常必要。事实上，市场已经证明，对儿童的发展不利的各种广告沟通同样是不利于商家销售的。

8. 依照儿童发展的方向拟定文案

任何儿童其行为、思想以及成长过程都有一定的方向性，儿童的发展方向包括：被动的到主动的；坏的到好的；悲哀的到喜悦的；被忽视的到被照顾的；依赖的到自发的；害羞的到骄傲的；无助的到安全的。

这实际上是一些相互对立面，同时也反映了儿童的心理特征，比如，儿童如果孤独的话，那么他希望得到友谊，无助则希望安全等等。所以拟定儿童的传播方案时要遵循这些发展方向，以确保传播的有效性。

五、儿童产品如何进行广告定位

对于这一特殊的消费群体，儿童广告定位和创意至关重要。儿童广告与其他广告有着共同之处，一则好的广告必须有针对性，必须准确瞄准目标消费者，这就是广告界通称的“KEN MAN”，即“对最后决策者所影响的人”。在儿童产品广告中有两种类型的“KEN MAN”：一种是儿童产品的直接消费者，即儿童本人；另外一种并不是儿童产品的消费者，但在购买决策过程中有决定权，即父母。儿童产品广告中的“KEN MAN”出现的不同类型的分化，是由儿童作为“消费者”这样一个特殊的消费群体的特点所造成的。

在策划广告时，应根据不同的儿童心理和群体采用针对性广告诉求，按儿童心理和群体特征及“KEN MAN”的重要程度儿童群体可分为四个目标群体：

1. 0岁至5岁的学前儿童，几乎完全依赖父母的决策。商家人在策划儿童广告时，应把父母作为主要的讨求对象，告诉他们你的产品能使宝宝更快更健康地成长，使他们相信购买你的产品是一种正确的选择。

2. 6岁至9岁，是一群喜欢流行的群体，也是最重量级的电视观众。随着年龄的增长和消费地位的不断提升，他们影响父母购物行为的能力越来越强。商家要想取宠于这群体，就必须了解他们到底是喜欢“萝卜”，还是喜欢“青菜”，把广告诉求的基本构架建筑在他们的消费心理和消费行为需求之上，以期认同和接受。

3. 10岁至13岁，喜爱模仿青少年的一群，这个阶段的儿童的消费能力增强，在许多情况下，他们不仅参与购买决策，而且还会逐渐成为家庭购买的主要决策者。处于本阶段的儿童刻意模仿成年人的外表和行为。如有了心中崇拜的明星便会大量购买与其相关的流行用品，使得他们更渴望与青少年同享流行。

4. 14岁~18岁，这一群体成为家庭的主要决策者，表现在不仅是对其自己的消费拥有决定权，对家庭消费如家电、电脑、日用品消费也有决定权。主要是因为他们接受的信息快、知识面广。消费也趋向理性，喜欢时尚，追求自由。

由此可见，父母在家庭购买决策过程中所扮演的决策人角色并不是绝对的，儿童市场也并非是单一的，正是如此，只有了解儿童心里特征和消费行为，商家才能开拓和维持儿童市场。

六、如何正确制定儿童传播方案

（一）儿童市场促销的误区

一个有效的、对儿童具有吸引力的传播方案必须符合以下六个方面的要求：

1. 文案主题清晰

儿童对情节的要求并不亚于成人的挑剔，因此在与儿童的沟通中，无论平面广告的文案或是空中媒体的剧情，在其开头、主体和结尾之间都要具连贯性，呈现一个有意义而且清楚的模式架构，在很短时间内抓住整个沟通的模式，融入沟通的情节中。

以漫画书为例，好的漫画书能让儿童很快地抓住其连接性关系，这是漫画诉求能否得到儿童共鸣的最重要部分。好的漫画书一般具有如下的特征：故事架构简单清楚；剧情连接性佳；以颜色来帮助认知和区别；以框框和对白（漫画人物对话所画出的线圈）来做视觉和语言的整合。

广告故事的情节要合乎逻辑，开头要简单有力，很快进入主题，因为儿童缺乏耐性，喜欢节奏较快的情结。在文案或对话方面，要用儿童熟悉的语言或同类的俚语，与儿童生活经验相结合。

2. 内容丰富鲜明

儿童的辨别与认知能力无法与成人相提并论，但这并不是说儿童沟通文案越单一越好。丰富同样是需要的。

平面广告版面需紧凑。儿童不喜欢平面广告中出现太多的留白，希望广告能填满整页的空间，颜色和形状之间对比愈强烈，儿童的记忆效果愈好。儿童喜欢看到具体的事物，最好以图案的方式将人、事、时、地做具体的呈现，尽量减少文字的运用，因为儿童的阅读速度有限，文字将分散儿童的注意力。

3. 律动方式呈现

听觉和视觉是儿童感知外界事物的主要途径，同时如前面的相关内容中所说的那样，满足儿童的听觉和视觉感受，并使之达到良好的效果也是一种商品营销的重要策略，它以影响和触动儿童的感觉的方式而作用、而存在。

动态呈现容易吸引儿童注意，儿童的眼光容易被移动的物体所吸引，尤其是物体由左向右移动，或右后向前移动，另外再配合节奏和音乐。本质上来说，节奏和音乐是一种情感性诉求。只要物体制造的音响类似儿童小时候经常听到的声音，就会吸引儿童的注意，例如枪的“砰砰”声、飞机或火箭的“隆隆”声音，因为他们初学语言时，都是以重复声音方式发音的，例如“爸爸”、“奶奶”、“饿饿”。所以以复音命名的品牌，例如乖乖、多多等，都会吸引儿童的注意。学龄儿童则喜欢押韵和朗诵，儿歌就是这一原则的延伸。

4. 偶像推荐商品

儿童的偶像人物通常会是一些儿童节目的主持人。研究发现，以这些偶像人物推荐商品效果非常好。如果使用儿童在电视上所看到的卡通人物效果将会更大。商家可以将电视上的卡通人物设计成赠品或形成产品的一部分，或表现在包装设计上，都会有意想不到的效果，因为这种做法将儿童的幻想与现实整合在一起。此外，利用包装做绘画元素、剪包装图案作动物造型或附赠品等，都可增加诉求效果，因为这些东西是经广告塑造出来，赋予了他们生命力的事物，可以形成儿童生活幻想的一部分。

5. 趣味代替学习

儿童对趣味的追求往往大于对学习的追求。从这一点上来说，以趣味沟通代替说教式的沟通效果当然要理想的多。要达到趣味沟通的效果，需从以下三个方面入手：

①避免儿童联想到教科书式的长篇大论

而以竞赛、谜语、文字游戏、迷宫和寻宝等儿童有兴趣的题材作开头，引导儿童参与并记住品牌所欲传达的信息。儿童的耐性有限，对于新奇、多变、多姿多彩的事物较感兴趣，但这些游戏必须是儿童熟悉的且有规则可循的。

②激发他们寻找答案的心理

同样的游戏，假如设定某一线索，然后再激发儿童以该线索寻找答案，则效果将明显改观。

③多多利用填字的游戏

在儿童世界里，填字游戏应当是儿童语文发展的主要方式，虽然贩卖商品是广告的主要目的，但在动机上，还是应该从帮助儿童发展来出发。例如，儿童学到“小宝宝想要吃饼干”这句话，可以保留“小宝宝想要吃”这几个字，在利用其他字眼替代“饼干”例如“巧克力”、“仙贝”等。但利用文字游戏来做沟通，切忌题目太难。

6. 辅助儿童发展

这主要包含两个主要的内容，即让商品与儿童商品需求及使用经验相结合和创造他们的参与感，并切实地让他们从中获得学习的机会。广告沟通如要更有效，就必须让商品和儿童需求及使用经验结合，例如可以在广告上让一个儿童问另一个儿童喝了以后有什么样的感觉，这样的安排可以让儿童强化商品及其利益点之间的联结，帮助他们学习，让他们在解决问题时，有正确的回应。另外，还应当让儿童自己说明问题，并自己动手“从做中学”，让儿童自己描述问题到每一个细节，再用适当字眼提出每一细节的解决之道，这样可以增进儿童解决问题的能力，并确实理解商品及商品在他们生活中扮演的角色。

第十七章：儿童市场促销方略

儿童消费品主要是指满足儿童生活、学习、娱乐需要的商品。与成人消费品市场相比较，儿童消费品市场呈现出不同的特点：个体差异小、形式产品重于实质产品、广告促销作用强、儿童越来越具有购买权。目前，在生产成人消费品的厂家正为推销自己的商品束手无策的时候，儿童消费品市场却“风景这边独好”。走进商场，儿童消费品琳琅满目，五彩缤纷；打开电视机，儿童消费品广告又扑面而来，那欢快、跃动、活泼的形象注入人们的心田。厂商们早已开始拿孩子来做文章，打孩子这张王牌。其中，我们也从一些媒介上看到，某些厂商专抓儿童搞欺诈，或者是由于忽视儿童不具备明辨是非的特点，误导消费，成为损坏儿童身心健康的罪魁祸首。因此，生产经营儿童消费品必须了解儿童消费品市场的特点，选择合适的促销手段。

促销即在了解商品进入市场后的各种实际反应和效果的基础上，依据各种市场变化做出营销反应，以确保商品保持其影响力。促销是生产或者经营者通过人员和非人员推销，向消费者传达商品和服务的信息，说服消费者购买的一系列营销活动，消费者经历从“认识——了解——兴趣——行动”的过程。在这一过程中促销起到引起销售、了解消费者的需求的作用。

一、儿童市场促销的误区

1. 只针对儿童特点

儿童是跟成人不一样的，他们对价格敏感程度很低，甚至没感觉。所以许多厂商在“六一”期间大打特价牌，无疑是没有用的。再者，就算儿童和父母一同上街，小孩比自己还重要，绝对不会买特价商品给自己的孩子使用。

2. 不注重现场气氛

儿童特别注重现场友好气氛，的确有些厂家重视把产品陈列弄得干干净净、整整齐齐，而现场却冷冷清清。儿童和大人一样，喜欢热闹，与其买了很多摊位，不如花点小钱，把气氛弄得热闹一点、友好一点。

3. 没把儿童当主角

有些厂家很重视儿童，他们策划立案，拍广告片，把产品夸大得让人折服。可到了现场陈列，没有考虑到主角是儿童。8岁之内的小孩，一般都有大人陪同，能单独进入商场购买的儿童，身高、体重、力量是影响他们选购的重要因素。有的产品陈列的位置过高或促销包装规格太大，以致小朋友拿不到、提不动等因素都是促销失败的原因。

4. 没有考虑决策人

有些企业走到了另一个角度，只考虑针对儿童工作。没有考虑到，儿童用品使用者和购买者不是一个人。有些产品需要针对大人促销，打动掏钱的人，才是促销的真正目的。

5. 礼品不吸引儿童

一般情况下，逛街最多的是一家三口。在购物时不一定只购买儿童用品。如果促销礼品针对儿童开发，一定会吸引他们的家长掏钱包。

6. 太注重场外活动

场外热热闹闹，场内冷冷静静，这强烈的对比使很多企业伤感。原因很简单，许多商家要求厂家搞场外促销，结果，吸引了很多人气，但是，销售专柜前没有购买的人，这吃力不讨好的事最好少干。

二、儿童消费品促销形式

随着儿童消费品市场的繁荣，市场竞争也更加激烈。促销就成了企业市场营销活动的重要组成部分。促销的最终目的是实现产品的销售。促销不仅要吸引消费者的注意力，而且还要使促销的形式和手段同消费者发生联系，使消费者的情绪受到感染乃至对产品产生兴趣，最终形成消费者的购买行为。

针对儿童的心理特点以及儿童消费品市场的特点，需要采用多种多样的轻松、欢快、活泼的形式来开展一系列的促销活动。对儿童消费品的促销活动是与对儿童教育融合在一起的。与成人消费品促销相比较，儿童消费品市场可侧重运用以下促销手段。

（一）广告促销

电视广告对儿童当前或将来的消费行为影响很大，原因在于儿童对商家广告的目的了解较少。研究资料表明，幼儿园的孩子不了解广告的目的，75%的一年级学生也不了解广告的目的，很多孩子认为广告的目的是为了增加趣味，一般来说儿童到9岁时才能知道广告的目的是为了推销产品，10～12岁儿童中约有85%能了解此目的。因此，儿童对广告内容的判断能力较差，往往会对一些新奇、吸引自己兴趣、自己信任的名人所做的广告全盘接受。这样的广告能激起儿童的购买欲望，促成儿童的购买行为。许多新产品就是通过广告打开了销路。娃哈哈果奶促销广告中小女孩那稚嫩的一声："妈妈，我要喝……"轻轻松松地把小朋友正在玩玩具的注意力转移到了娃哈哈果奶上；旺仔牛奶的促销广告中那位调皮可爱的小男孩望着面前牛奶瓶上的"旺仔"说："……我受不了啦！"他那想抵挡又抵挡不住诱惑的形象，使多少孩子垂涎欲滴。新型饮料高乐高刚刚进入市场时，有许多孩子不能适应高乐高那甜中带苦的味道，高乐高厂商针对这一点，在电视广告中重点强调"高乐高的味道棒极了！"轻而易举地改变了孩子们的饮食习惯，进入了儿童的早餐桌上。电视广告对儿童消费的影响由此可见一斑。它尤其适用于新产品和日常生活用品的促销。

广告对商品促销作用早已被厂商们所认识，许多厂商们不惜花重金做各种各样的广告。广告对儿童消费品的促销作用较成人消费品更为突出。这主要是因为儿童的消费行为转移性强，容易受外界影响，如父母、同伴、同学、教师、厂商等。厂商影响儿童消费行为的最基本的手段就是广告，尤其是电视广告。电视广告对儿童消费行为的潜在影响是由广告的性质所决定的。电视广告通过活泼的形象、鲜艳的色彩、悦耳的声音、诱人的画面，使儿童感受到无穷的乐趣和兴奋，处在襁褓里的婴儿就已经会看电视广告了。因此，一些新的儿童消费品要打开或挤入这个市场，广告的反复刺激是一种有效的途径。

值得提醒商家的是，在运用广告促销时，广告的内容要健康向上，形式要活泼新颖，符合孩子们的消费心理，切忌用不健康的画面、不规范的语言，或不真实、过分的诱导，或过分强调儿童不需要、不该买的产品，这会引起许多家长的反对，儿童也会受到父母对广告不满情绪的影响，而渐渐地不信任广告的内容。

（二）包装促销

在现代市场经营中，包装已成为商品生产不可缺少的组成部分。随着自选商品业务的发展和众多商标的出现，包装对消费者区别产品、刺激购买起了促进作用，已成为一种“无声的推销员”。对儿童消费者来说，包装除了起保护商品的作用外，还便于儿童使用产品、握拿产品、携带产品、提供某些产品信息等。在超级市场琳琅满目的货架上，新奇、有特色的包装往往能引起儿童的注意，诱发儿童购买动机。事实上，许多孩子，尤其是10岁以下儿童在很多情况下是根据包装来选购商品的。色彩鲜艳、画面形象生动、设计奇特、开闭方便的包装，赠品包装等，往往是儿童选择商品的主要依据。有些商品包装甚至在商品被消费完以后，被儿童收藏起来用于游戏。

（三）爱心促销

在激烈的市场竞争中，许多厂家为了提高自己的美誉度，抓住孩子这个社会的希望，举办各种爱心促销活动，既表达了自己对社会的爱心和责任感，又能够顺应民心，符合儿童心理。如某服装厂举办爱心促销活动，将一批新式高级童装特价销售，特卖价所得及价值几万元的御寒物品当场损给孤儿院的孩子们。此举吸引了市民，人们争相购买，都想为孩子们献出自己的一份爱心。爱心促销活动会大大提高企业的知名度和美誉度，在社会公众心目中树立良好的企业形象，同时，对儿童也进行了一次爱心教育。

（四）健康促销

天下父母都希望自己的孩子健康成长。不少商家以儿童健康为切入点开展促销活动，既适应了儿童成长的生理需要，又符合天下父母盼子健康的心理要求，因而总能立于不败之地。娃哈哈集团对其新产品AD钙奶的广告宣传是：我国居民日常饮食中维生素A、维生素D和钙的摄入量普遍不足。针对这一状况，娃哈哈集团公司经过数年研究，成功地开发出我国第一支在奶中强化维生素A、D和钙质的“娃哈哈AD钙奶”，使钙在人体中得到更充分的吸收和利用。由于娃哈哈集团倡导“科学补钙，健康成长”，使其新产品迅速占领了市场，形成了“AD钙奶”的新潮流。

健康促销成功的原因就在于商家从关心儿童的身心健康出发，宣传自己的产品，使消费者感到企业同自己的利益是一致的，从而减少了父母及儿童对单纯商品广告的抵制心理，也使该商品的宣传在雷同的同类商品广告中脱颖而出，容易为顾客所接受。

（五）有奖促销

奖品对儿童永远具有很大的诱惑力，儿童热衷于得到奖品甚至超过产品本身。他们认为，小奖品是专门送给他们的，又不需要花钱买。有不少孩子声称到“麦当劳”进餐最快乐的事是吃完汉堡包还能得到一件奇特的奖品；孩子们整箱地购买“小浣熊干脆面”是为了得到里边赠送的“恐龙风暴旋风卡”、“巧比夹”；为了争取到中央电视台参加《大风车》节目的机会，或得到书包、文具、套装等小礼品，在饮料销售淡季孩子们仍不忘购买乐百氏奶。可见，商品附带的奖品比商品本身更多地吸引了儿童的注意力，有奖促销成了商家促销儿童商品常用的手段。一位儿童心理学家说，儿童自己比设计者能更清楚地告诉我们他们喜欢什么和为什么喜欢或不喜欢。据调查发现，4岁的儿童对奖品的选择就有性别的区别。因此，商家在运用有奖促销时，应针对儿童心理，精心设计奖品。

有奖促销归纳起来主要有两种形式：一种是一次性奖励，即每一件商品中都附有不同的奖品，孩子们每购一次该商品，即能得到一件奖品，如每购500ml的高乐高，即可同时得到一件搅拌器；另一种形式是多次奖励，即这些商品中并不经常附有奖品，需要多次累计，凑齐所规定数目，通过邮寄才能得到奖品，商家意在鼓励儿童多次购买同类商品。这两种形式相比较，第一种形式更能吸引儿童，第二种形式由于儿童当时不能拿到奖品，会因缺乏累积的耐心而失望，家长也会因为多次花钱而不愿让孩子购买此种商品。

运用有奖促销时，厂商应考虑到奖品只是商品的附带形式，用它的目的是为了促进产品的销售。因此，应注重向孩子们提供货真价实的实质产品，不能因为过分追求吸引儿童的注意力而喧宾夺主，忽视了自己的实质产品。

（六）文化促销

儿童文化具有丰富的内涵，所以儿童文化促销形式也多种多样，不拘一格。郑州亚细亚商场曾将儿童文化与企业促销联系在一起，在“六一”儿童节到来之际，举办了“童车大赛”、“儿童电子琴大赛”、“好爸爸、好妈妈故事大赛”等。这些活动，参加人数多，影响范围广，家长们都争取自己的孩子能够获奖，于是踊跃来到商场。商场通过这些活动把商场形象牢固树立在孩子和家长们的心中，达到了促进销售的目的，使商场在良性循环中不断发展。

动画片形象促销也是儿童文化促销的形式之一。美国“孩子宝”远东公司生产的“变形金刚”系列玩具就是靠该公司制作的《变形金刚》动画片激发了中国数亿儿童的购买欲望。随着该电视剧的播放，变形金刚机器人的形象深入人心，孩子们对市场上刚出现的充满智慧与乐趣、富于幻想的变形金刚玩具也产生了浓厚的兴趣，家长们认为这种玩具既能开发孩子的智力，又能锻炼孩子的动手能力，也乐于给孩子买这种玩具。正因为如此，“变形金刚”玩具在短短几个月内就风靡了全中国，至今仍是孩子们喜爱的玩具之一。

有些商家利用孩子们熟悉的动画形象制出各种不同的食品、文具等，来进行促销，如小龙人奶糖、机器猫文具盒、白雪公主服装等都深得孩子们青睐。

文化促销的形式还有很多，如诗歌形式、顺口溜形式、童话故事形式、良好的购物环境等。运用文化促销时，应注意选择一些孩子们熟悉的形象或儿童喜闻乐见的形式，这样可以缩短商品和孩子们之间的心理距离，既能吸引儿童的注意力，又能对儿童进行知识性的教育。

以上几种对儿童消费品来说效果较好的促销手段，都有其适用条件，各有所长，如何有效地运用它们，还有赖于促销组合。所谓促销组合就是营销者在市场营销过程中，将多种营销手段综合运用，制订出完整的促销策略。如企业在运用广告促销的同时，可以适时运用爱心促销，诸如向希望工程捐款，为支援灾区孩子慷慨解囊等手段，提高企业美誉度，树立企业在孩子们心目中的良好形象。选择最佳组合策略时，应综合考虑商品的特点、营销目标、环境、企业条件、儿童心理等因素。

三、儿童市场的促销技巧

依据儿童心理充分发挥商品直观形象的作用。儿童顾客虽然已能进行简单的逻辑思维，但直观的具体的形象思维仍起主导作用。加上生活经验不丰富，商品知识不多，不善于全面判断、考虑商品，而较多的是通过简单的直观感觉去判断商品的优劣、好坏。所以，商品的外观形象对他们的购买行为具有重要的支配作用。

大龄儿童具有较强的好奇心和时尚感，对新产品、新式样感兴趣，同一种商品在形状和颜色上有所变化就能引起他们的好奇心和购买欲望。例如，橡皮制成小猪、小狗等形式，便容易激起他们的购买欲望。但对学习用品的花色翻新，应注意不要分散他们学习的注意力。

学龄前儿童在购买商品时与大龄儿童不同。他们没有经济顾虑，价值观念很淡薄，他们想买什么就向家长要什么，家长则经常能够满足孩子的要求。所以学龄前儿童用品，尤其是玩具、食品类，要充分采用音响、色彩等方式加以展示，尤其是要以活泼美好的印象激发他们的兴趣和购买欲望。但不宜用响度过强、声音过杂的音响，响度过强、过杂便形成噪音，影响人的情绪，也不利于健康。

总体上来说，依据儿童不同的消费心理，恰当的使用不同的营销技巧是非常重要的。

在儿童自购自用商品时，营业员既要注意耐心详细地介绍商品性能和价格，并帮助挑选所需商品，又要使用儿童的语言，以礼貌的语言回答他们的提问，满足其自尊。切忌因儿童不懂事而硬让他们购买价高又不合适的商品，因为儿童顾客后面有成年人顾客。

在成年人为儿童购买商品时，要针对成年人对孩子的关怀与慈爱、情感与希望等进行接待。如成年人为孩子买玩具首先考虑安全性，其次才是趣味性，故营业员应着重说明其安全性。

营业员在接待父（母）子（女）同行的顾客时，首先要倾听父母的意向，以父母购买意向为中心，使孩子意向向父母的意向靠拢，以促成统一，达成交易。但在出售小食品、小玩具、小学习用品时，在商品的选择上，孩子又常常起决定性作用。营业员应针对儿童的心理，以儿童意向为中心，激发其购买兴趣。

第十八章：儿童市场营销案例

一、虹猫抢滩儿童药品市场

民族动漫旗帜性品牌“虹猫蓝兔”异军突入儿童药品市场，高调亮相，并与太极集团、桑海集团、三九医药等国内著名医药企业联手，先后推出5大类14个品种的“虹猫”系列儿童药品，一举确立国内目前儿童药品品种最齐全的供应组合集群龙头地位。

与传统儿童药品营销相比，“虹猫模式”的优势几乎是毋庸置疑的：首先，资本实力雄厚。母公司湖南宏梦集团为国内卡通产业中的领先企业，其骄人业绩吸引着国内外风险投资踊跃注资，其获得的全球最大风险投资基金美国红杉资本和国内涌金系的风投将重点用于卡通品牌延伸产业的发展，而“虹猫”系列儿童药品开发必然从中获得充足的资金支撑。

其次，强势品牌联手。虹猫蓝兔公司从渠道入手，通过贴牌方式实现卡通品牌与本土医药品牌间的资源整合，短时间内迅速推出包括小儿感冒、小儿退热、抗菌消炎、止咳清咽和健胃消食5大类14个品种的“虹猫”儿童药品，几乎覆盖儿童OTC用药的全部领域，一改以往国内单一医药企业只能生产1～2种儿童药品，分散经营，难成规模的弊端，形成儿童用药强势品牌，与国外产品抗衡。

最后，品牌效应共享。从卡通业衍生过来的“虹猫”药品拥有充足的媒体资源。通过每天覆盖全国680多家电视台的“虹猫蓝兔”卡通节目播放，立体交叉影响，其卡通形象早为中国少年儿童所熟知，而其独有的节目贴片广告，则得以实现直接向目标群体少年儿童进行有效宣传。据广告业人士测算，这样的立体传播方式可使品牌广告成本大幅下降，其广告投入3000万元即可获得相当于传统医药品广告投入3亿元的效果。

虹猫蓝兔医药公司创业初期的工作重点是建立全方位的销售渠道和纵横全国

的终端网络，“虹猫”通过品牌效应互动，节约的成本将优选投入渠道的建设，让经销商从中受益，获得充分的让利空间。而这一举措已取得明显效果，目前，“虹猫”已形成由280多个代理商、8万多家店组成的全国销售网络。在做好终端工作后，他们将进一步加大“虹猫”品牌的宣传力度，在中央电视台、中国医药报等强势权威媒体进行高密度商业广告投放，同时向上游挺进，研发、生产出适合儿童身体状况的新药，促进中国儿童药品市场健康发展。

有业内人士表示，宏梦集团携品牌资源、市场认知度及消费群体整合的优势进入医药行业，可能成为在医药业中继企业购并、投资建厂等业外资本现行进入模式。

二、蓝猫抢滩儿童饮料市场

提到儿童饮料人们很自然想起酷儿，一个蓝色的大头娃娃以独特的姿态吸引着小朋友们的目光，意料之中酷儿成了果汁市场当之无愧的黑马。然而事隔一年，一只蓝猫横空出世，扬言要改写中国儿童饮料市场。

越来越激烈的市场竞争使厂家不得不把浑身的劲用在差异化营销上，市场细分成了决定这一目标得以实现的关键点，而细分的最终结果是锁定目标消费群生产适合的产品。在饮料行业都知道女人的钱最好赚，统一鲜橙多“多喝多漂亮”起了模范的带头作用，但也有人认为儿童的钱比女人的钱还好赚，这是因为还没哪个企业打着儿童的招牌生产饮料，倒是比比皆是的儿童服装店说明了饮料在这方面的市场潜力和无限商机。

虽然酷儿早年捷足先登抢去儿童饮料市场的第一块蛋糕，但是酷儿并没有直接对着饮料市场说是儿童饮料，不知是因为说了会减少目标消费群还是另有企图。但是一个大型投资公司却看到了这一市场的空白点，随与蓝猫淘气卡通中国公司合资开发了专门针对儿童市场的饮料——蓝猫淘气咕噜噜多维饮品。这个主要针对中国4到12岁年龄段儿童的饮料上市之初便把目光盯在3.67亿儿童身上，无论是该公司的架构组成、还是广告时间段的选择以及创新的市场运作与大众饮料都有着天壤之别。

蓝猫淘气饮品有限公司的成立之前并不是像中国几个大饮料企业一样有着实体运营的经验，而是在资本经济与卡通文化联手的情况下诞生的，是由中国最大的卡通生产基地中国蓝猫产业机构与中国颇具实力的产业控股投资集团中国（北京）华融投资公司联合创建，这就意味着他们具有强大的经济实力作支撑，但是雄厚的资金实力背后最让人担心的也是他们的运作，是稳步发展还是跳跃式发展？“蓝猫”的发展速度太快了，从糖酒会订货到现在全国已经突破1个亿的销售量，这个结果是蓝猫高层都是始料未及的。

在卡通片上蓝猫以聪明博得小朋友的喜爱，在饮料上他们再度把蓝猫的聪明嫁接过来，让业内人士不得不惊叹于他们的灵活。蓝猫淘气饮品公司并没有自己的生产科研人员，也没有自己的生产线，但这并不能说明他们做事就真的没了“底气”。据了解，在技术方面，蓝猫淘气“沽噜噜”的口味和配方是由中国营养学会妇幼分会专家研制的，而这个分会融合了亚洲顶尖科技研发实力；在生产方面，蓝猫用的是“借鸡生蛋”的方法，也许人们会理解为OEM生产，但蓝猫的做法比单纯的贴牌委托生产更进一步，这种进步表现在产品的生产配方、生产技术均是按蓝猫的要求进行的，除了生产工人之外品控、质检人员都是蓝猫自己的特派员，而物流也是由蓝猫自己控制，他们称这种生产方式为“ODM”。据蓝猫内部有关负责人透露，与蓝猫合作的几个生产厂家都是中国知名的饮料生产厂家例如汇源、均瑶、希杰等。这种合作方式最大限度地节约了资源并保证了产品的生产质量，更重要的是节省了时间成本。

产品的定位直接决定着营销模式，蓝猫针对细分市场所采用的方式是区域总代理制，但他们对代理商却有着较高的选择标准。代理商在省会市场启动资金不少于150万，在地级市场启动资金不少于60万，县级市场则不少于30万，凡是达不到第一个条件的一切都免谈，这里所讲的启动资金就是第一次打款额；第二个条件非行业代理商的选择。如果说启动资金是选择代理商不可缺少的条件，那么优先选择非行业代理商的行为让人感到费解，而蓝猫的解释却说明了他们的出发点：饮料行业内有如此大实力的代理商一般对新产品重视程度低，不会将其作为重点产品推广；另外一方面，蓝猫饮料的目标消费群是儿童，这就决定了与大众饮料在销售渠道的差异性，所以选择行业代理商会出现弊大于利的现象。就是如此高的条件令蓝猫人想不到的是在全国竟然签了300多个大客户，网络遍布全国。

代理商选定后就成为蓝猫的一级经销商，也叫品牌管理商。产品管理商主要负责供货、价格管理、促销政策的执行等具体工作，而市场开发则由网络营销员（所长）进行承包销售。网络营销员的选择条件比较苛刻，优先录用没有做过饮料销售，并且当地有稳定的居住场所的自然人（下岗职工、想成为老板的生意人等），与蓝猫有合作意向。双方商定后，该自然人交付一定的押金（数额视具体情况而定），就正式成为蓝猫的网络营销员，然后向品牌管理商报批注册所辖区域和网点数，一般一个人负责300~400个网点，但有些地方也会视具体情况而定。

分支机构建好后，“蓝猫”开始实行动态管理，网络营销员只需按蓝猫的报表系统规定的表格填写每天的工作情况即可，当然他们也会按ABC类店进行固定拜访，A类店一般一周拜访两次，B类店一周一次，C类店两周一次。网络营销员工作的好坏由市场督导进行监督，一个督导员监督的目标是800到1000家，对没有按要求进入的零售店进行分类统计，将指导意见反馈给网络营销员，没有特殊情况下限期完成，如果达不到要求督导员就会把该区域内的售点划给其他网络营销员；对于问题的处理，督导员会将已处理的问题在品牌管理商处作登记，而没有处理的问题会以处理卡的形式通知网络营销员处理的时间和具体的措施。

蓝猫的市场运作最大限度地减少了人员费用和管理成本，使营销链条扁平化，蓝猫淘气饮品公司的负责人幽默地称这种方式是“后终端时代的营销”，不过独特的市场运作模式并不能说明他们就万事俱备了，随着销售量的增长，蓝猫将面临着更为严峻的管理问题。

据了解，“蓝猫”系列动画片由于在全国1019家电台连续播映数年，其贴片广告家喻户晓。“咕噜噜”产品借“蓝猫”卡通热播之势，在以幼儿为主流消费群的市场中拥有了极高的品牌优势。“咕噜噜”产品一上市，就紧紧抓住了位于学校附近的多家“蓝猫”连锁专卖店为主销渠道，连同大卖场渠道的覆盖，辅以店头POP、卖场堆头设置等促销手段，迅速抢占销售终端。一个刚刚2岁的孩子竟然指名要蓝猫咕噜噜，可见蓝猫在儿童当中的影响力。

准确的产品定位、势不可挡的媒体宣传、独特的营销模式只是蓝猫发展的硬件条件，而决定他们能否成为儿童市场的主流产品，除了贴片广告外还要对大人进行宣传，因为儿童的饮食多是由父母选择；另外在营销方面发展的速度与企业成长的速度不成正比，就势必出现管理的漏洞，所以还没走稳的蓝猫不要急于快跑。

三、强生公司网络营销案例

今天，强生已发展成为拥有180多个公司、近10万雇员的世界大家庭，生产婴儿护理、医疗用品、家庭保健产品、皮肤护理用品、隐形眼镜和妇女卫生等系列产品。著名的“邦迪”牌创可贴更是人人居家外出的必备品。

面对旗下众多的企业、产品和品牌，强生网站如果不厌其烦地一味穷举，就可能做成“医疗保健品大全”之类。当然，“大全”本身并无不好，问题是互联网生来就是“万类霜天竞自由”的寥廓天地，人们稀罕的不是遍地“山花烂漫”，而是在寻觅哪边“风景独好”？

强生以“有所为，有所不为”为建站原则，以企业“受欢迎的文化”为设计宗旨，明确主线，找准切入点后便“咬住青山不放松”，将主题做深做透，从而取得极大成功。

管理学者素来对强生公司的“受欢迎的文化”推崇备至。该企业文化的内涵体现在公司信条中。这是自其成立之初就奉行的一种将商业活动与社会责任相结合的经营理念：第一，公司需对使用其产品和服务的用户负责；第二，对公司员工负责；明确这些边界条件后，强生就选择其婴儿护理品为其网站的形象产品，选择“您的宝宝”为站点主题，整个站点就成了年轻网民的一部“宝宝成长日记”，所有的营销流程自然就沿着这本日记悄然展开。将一家拥有百年历史，位居《财富》500强企业的站点建成什么“您的宝宝”网站？！变成一部“个人化的、记录孩子出生与成长历程的电子手册”？！这一创意是否太滑边、太离谱了？但请慢下结论，任何人只要客观地顺其网站走上一遭，就会发现这的确是个“受欢迎”和充满“育儿文化”气息的地方。

在这里，强生就像位呵前护后、絮絮叨叨的老保姆，不时提醒着年轻父母们该关注宝宝的睡眠、他的饮食、他的哭闹、他的体温、如何为他洗澡……年轻父母们会突然发现，在这奔波劳顿、纷乱繁杂世道中，身边倒确实需要一个这类角色的不断指点。尽管随着孩子的日日成长，这老保姆会时时递来“强生沐浴露”、“强生安全棉”、“强生尿片”、“强生围嘴”、“强生2合1爽身粉”、“强生Ve保湿蜜”，以及其他几十种“强…、强…、强……”。

虽然不尽强生滚滚来，但这份育儿宝典会告诉您这些用品正是孩子现在所必需的。而且这时的网站又成了科学与权威的代言人，每种产品都是研究成果的结晶，还有各项最新研究报告为证，您只需按这吩咐去做准没错！所以人们不会觉得她比街头推销员更犯嫌。

进入强生网站，左上角著名的公司名标下是显眼的“您的宝宝”站名。每页可见的是各种肤色婴儿们的盈盈笑脸和其乐融融的年轻父母，这种亲情是化解人们对商业站点敌意的利器。首页上“如您的宝宝××时，应怎样处理？”“如何使您的宝宝××？”两项下拉菜单告诉来访者，这是帮人们育儿答疑解难的地方。

整个网站页格色调清新淡雅，明亮简洁。设有“宝宝的书”、“宝宝与您及小儿科研究院”、“强生婴儿用品”、“咨询与帮助中心”、“母亲交流圈”、“本站导航”、“意见反馈”等栏目。

“宝宝的书”由电子版的“婴儿成长日记”和育儿文献交织组成。前者是强生在网上开设的日记式育儿宝典，任何用户登录后，站点就生成一套的记录册，并可得到强生“为您的宝宝专门提供的个性化信息服务”。

育儿宝典的服务是从孕期开始的，其中有孕期保健、孕期胎儿发育、娱乐与情绪控制、旅行与工作、产前准备、婴儿出生、母婴保健……然后是初生婴儿的1周、2周、3周……、4月、5月……，使用者按此时序记录婴儿发育进展时，站点就不断提供各类参考文章，涉及婴儿的知觉、视觉、触觉、听力系统，对光线的反应、如何晒太阳、疾病症状等。各项操作指导，可谓细致周全。如教人如何为婴儿量体温，居然分解出6个步骤进行。至于如何为孩子洗澡，更是先论证一番海绵浴和盆浴不同的道理，然后再要求调节室内温湿度，再分解出浴前准备6步骤和浴后处理6步骤……一个网站认真到了这份地步，不由你不叹服其“对服务负责”信条的威力，相信其进入《财富》500强绝非偶然。

网站还为年轻父母提供了心理指导，这对于某些婴儿的父母来说具有特别重要的意义。如“我的宝宝学得有多快？”栏目就开导人们，不要将自己的孩子与别人的孩子作比较，“将一个婴儿与其兄弟姐妹或其他婴儿比较是很困难的，只有将他的现在和他的过去作比较；而且你们的爱对婴儿来说是至关重要的。因此，无条件地接受他，爱他，就会培养出一个幸福、自信的孩子来。”促进人们的交流是互联网的主导功能，强生参与运作了一个“全美国母亲中心协会”的虚拟社区。“全美母亲中心”是分布于各州的妇女自由组织，目的是“使参加者不再感到孤立无助，能展示其为人之母的价值，切磋夫妇在育儿方面的经验，共同营造出一个适合孩子生长的友善环境”。如今，强生助其上网并归入自己站中，除保留原来交流作用外，还从相关科研动态与信息方面来帮助她们解决问题。强生网站提供服务时，客户输入的数据也进入其网站服务器。这是一笔巨大的资产，将对企业经营起着不可估量的作用，这也是对其认真服务的回报。当然，网站对任何登录的客户数据均有保密的承诺，但这些信息对该公司却是公开的。它需要登录者提供自己与婴儿的基本信息，并说明其与婴儿间的关系（母亲、父亲、祖父、祖母……）。对于愿意提供“婴儿皮肤类型”、“是否患尿布疹”、“如何喂养（母乳、牛乳、混合、固体食品）”者，就可获得皮肤保健、治疗尿布疹和喂养方面的专项信息服务。当然，对于顾客主动从“反馈”栏发来的求助与问询，网站的在线服务自会给予相应解答。同样，凡参加“母亲中心”论坛的妇女在被正式接纳前，也需按“极感兴趣”、“有兴趣”、“不太感兴趣”、“不感兴趣”的选项，对各种讨论题做出回答，如“母亲工作”、“残疾儿童”、“抚养婴儿”、“取名字”、“孩子出生前后家庭关系变化”、“孕妇保健”、“婴儿用品”、“我的宝宝做得如何”、“趣闻轶事”等。

上述这些客户登记及回答信息到了公司营销专家、心理学家、市场分析家等手中，自然不久就会形成一份份产品促销专案来，至少对企业与顾客保持联系起相当重要的作用。并由于这些方案具有极强的家庭服务需求针对性，故促销成功率应当不低。

面对庞大的企业群和无数产品，强生网站若按一般设计，可能就会陷入“前屏页面查询+后台数据库”的检索型网站之流俗格局。从网络营销角度上看，这类企业站点已呈“鸡肋”之颓势。这就如同各种典籍类工具历来都有，但任何时候都不会形成阅读热潮和建立起忠实的顾客群体的，且对强生来说，那样做还无助于将其底蕴深厚的企业文化传统发挥出来。

如今，企业站点在设计上作了大胆的取舍，毅然放弃了所有品牌百花齐放的方案，（当然，强生为旗下每家公司注册了独立域名，并能从站点“Websites”目录中方便地查到），只以婴儿护理用品为营销主轴线。选择“您的宝宝”为站点主题，精心构思出“宝宝的书”为其与客户交流及开展个性服务的场所。力求从护理层、知识层、操作层、交流层、情感层、产品层上全面关心顾客痛痒，深入挖掘每户家庭的需求，实时跟踪服务。

于是，借助于互联网络，强生开辟了丰富多彩的婴儿服务项目；借助于婴儿服务项目，强生建立了与网民家庭的长期联系；借助于这种联系，强生巩固了与这一代消费者间的关系，同时又培养出新一代的消费者。

四、开办儿童减肥中心案例

在家长的话题里，除了孩子的功课外，就是成长情形，如身高、抵抗力，怎么吃才会更健康，尤其当孩子有一些病痛，更是让父母心疼与自责不已，但是现代儿童虽然营养充足，却面临近视、肥胖及蛀牙的威胁，这都是父母所担心的问题，而解决父母烦恼正是儿童健康市场发展的契机，让孩子更健康绝对是值得创业者关注的一块市场。

现在肥胖症状已经成为影响儿童健康的最主要问题，随着人民生活水平的提高，儿童的营养也越来越丰富，甚至超标了，从而导致了很多儿童出现过分的肥胖，给处于身心成长阶段的儿童带来极大的障碍。因此，如何解决儿童的肥胖症状已经成为家长们最为头痛的问题之一。而投资者可以利用这一切入点，开办一家少儿减肥中心，主要是为患有肥胖症的儿童度身设计一套减肥的方案，包括饮食习惯、运动等。相信一旦推出，肯定会大受家长们的欢迎。

五、韩喜善亲子装创业案例

近年来，韩流不断冲击中国，从最初的韩国歌曲、韩舞，到后来的韩国服饰，直到现在的韩国亲子装，一轮轮的韩流风暴不断地冲击着中国。目前，国内服装市场已经被一股“亲情”风暴所席卷，以“亲子装”为卖点诉求的服装销售正呈现出前所未有的火爆气氛。

中国服装拥有近千亿的市场容量，各路服装品牌都竞相争夺，但大多传统服装都以“独身”为体系，只是针对女性、儿童等单一大众消费群体。纵观近几年国内服装市场，一直处于低迷状态，本土企业陷于惨淡经营。而亲子装系列服饰的出现，却打破市场沉闷已久的坚冰，创造当年服装行业销售的奇迹，形成为一道独特靓丽的风景线。

亲子装的到来，点燃了中国亲情服饰的消费欲望，成为国内服装行业发展潜力巨大的市场之一。韩喜善亲子装，正是看中了这个市场前景，并把握了这个市场契机，并以其敏锐的嗅觉、独特的创新精神，韩喜善亲子装及时把握消费者的需求，做出快速的市场反映，依据季节的变化，不断推出新款服装，适合不同季节、不同年龄层、不同消费群体，来势汹汹地占有了中国目前竞争激烈的亲子装市场。短时间内在同行业中成为一匹引人注目的黑马。

透析亲子装市场火爆的原因，主要因素是现代社会，人与人之间的关系冷漠。超强度的工作负荷，使人们的工作压力越来越大，加之工作之外一些其他事情，如充电、学习等等，又几乎占用了人们工作之外的所有时间，自由空间收缩殆尽。时间被挤压的同时，人们的情感也遭到了挤压。以至于人们除了吃饭、睡觉，就是工作、学习等等事情，几乎没有任何多余的闲暇时间去陪伴亲人，造成了家庭成员之间的冷漠关系。

但人们对感情的需求不仅没有因此而减弱，反而是更加强烈。因为感情是人世间最珍贵、最美好的东西。于是，人们不再限于埋头工作，也开始寻求心灵的自由，更加注重营造家庭的温馨。韩喜善亲子装正是在这种历史条件下诞生的产物，韩喜善亲子装通过服装对美好情感的诠释与表达，体现人性回归。它所创造的不仅仅是单纯的经济效益，更多的是加强了人情淡薄的社会中越来越稀薄的亲情。它迎合了时代的潮流，因此能够迅速走红。

韩喜善亲子装以充满爱心为主题创意、大胆活泼的表现手法，真实再现了现代都市人对幸福生活的热爱和追求，其全面的人文思维和感恩情怀不仅使服饰成为人们美好生活的一部分，演绎一束美满、温馨、幸福、快乐的花朵。

韩喜善亲子装，把东方文化、亲情文化、时尚服饰文化与休闲文化紧密结合起来，密切突出其个性、气质特点，在追求统一性的同时更重视个性的表达，协调体现出一个家庭文化的氛围、温馨与和睦的气氛。它简约、自然、轻松、自由、温馨、浪漫、追求时尚和睦，体现不断超越，实现中国小家庭水乳交融般情感的盎然情趣。

历经数年的探索、酝酿和沉淀，韩喜善服饰在传统时装中融入时尚、休闲的元素，凭借精细的做工、舒适的面料和清新淡雅的色彩赢得了广大消费者的青睐，以鲜明的品牌形象、独特的文化内涵和全面的服务理念占据了稳定的市场份额。在“诠释亲情的价值”的品牌经营理念指导下，韩喜善品牌特许经营连锁已达数百家，遍布全国各主要城市，塑造了韩喜善在同行业中主流品牌的形象地位。

六、投资社区儿童乐园案例

社区儿童游戏天地，向社区内的儿童提供娱乐健身服务，兼顾钟点式儿童托管照顾服务，既解决了父母出门时的一大担忧，又能引导孩子们更多地将闲暇玩耍时间投入到有益于体质身心的活动中去，可获得社会意义和经济利益的双赢。

两年前从幼儿园退休的陈老师加盟了一间社区儿童游戏中心，地址选在一个住宅楼的底楼。背靠一个小区的花园，面临马路，周围还有2个住宅社区，儿童游戏中心就被3个住宅社区所包围。这样的选址，已经迈出了走向成功的第一步。

还在上班的时候，陈老师就梦想退休后开家自己的幼儿园。可开私人幼儿园谈何容易！“那么开一家社区儿童游乐中心吧！”在女儿的赞助和朋友的帮助下，陈老师经过多方调查，最后选择了加盟沪上一家休闲设备有限公司。

采取加盟的方式开店，陈老师有自己的理由："加盟可以省去许多麻烦环节和高昂费用，并且有专家为我进行开业指导和相关事宜的咨询和营销培训，公司还通过各类媒体开展社区定向推广宣传活动，为我这样的加盟者提供良好的项目实施环境。我不能跟年轻人比，他们可以凭借良好的精力奔波，我只能'坐享其成'地花钱请人帮我开店和出主意。这对于上了一定年纪的创业者来说，是最轻松的一种方式。"

陈老师的儿童游戏中心在所处地带是个新生之物，周围又没有另外的儿童娱乐场所，所以很快受到年轻父母的青睐。也许是陈老师多年在幼儿园练就的微笑和特别关怀孩子的性格打动了父母和小朋友们，经过一段时间的接触，家长们就很放心地把孩子放在儿童天地。孩子们就更不用说了，琳琅满目的玩物和书籍让他们觉得游戏天地比家里还安逸。

多方面的有利条件使陈老师的社区儿童游戏天地红火得很，不到9个月，她就收回了成本。"这里经常会发生小孩哭着抱着玩具不肯回家的场面。"陈老师笑着说："两个员工也是我特别挑选的，有一个还是幼教毕业的学生。我亲自培训她们——如何和小孩沟通，如何把握小孩情绪，如何教给他们新知识和做人道理。我想把自己的儿童游乐中心办得和幼儿园一样。虽然孩子们每次来的时间不同，有长有短，但我要争取做到让他们每一次来，都学到东西，而并不是简单的玩乐。"

七、特色编织童装创业方案

1．选址：人流量大的街道，学校、儿童医院、高档小区旁都是较好的选择。面积15平方米左右即可。

2．店面装修：店面设计得清新雅致，又充满浓浓的童趣：天线宝宝、流氓兔、猫与老鼠的等众多儿童喜爱的形象在墙壁随处可见，但又不显零乱。好多小家伙就是看到这些他们喜爱的图像才拉着父母们走了进来。

3．经营产品：主要是0~3岁婴幼儿的毛衣、毛裤、毛线帽子、手套、袜子等，这些毛线产品都是手工编织。店里提供了很多毛衣的花色与样式的图片，让顾客自己选择，另外他们也可以按自己的想法进行设计。在店里同时销售柔软、色泽温和的最适合小宝贝们穿着的"宝宝绒" 毛线。通常宝宝绒毛线（细线）的售价在每斤50元左右，一个一岁宝宝的毛衣毛裤用线在9两左右、两岁孩子的在1斤2两左右，三岁孩子的在1斤半以内，那样毛线的成本价格就分别是45元、60元、75元。加上手工，这样一套毛衣的售价在90~180元之间，这里面除了有毛线成本外，还有的是手工钱，像3岁宝宝的一套衣服，大约得织一个星期。因为不是那些所谓名牌，所以价格太高了也不合适。

除了这些主打产品，也可配合着卖一些进回来的比较有特色的童装、儿童用品，这些都可称为童装店的利润增长点。

4. 经营小窍门：

①现在的童装店特别多，竞争比较激烈，有的以物美价廉取胜，有的以品牌质量取胜。要想让自己的童装店在其中脱颖而出，就得有自己的特色。

②在销售上，采取薄利多销的政策，定价不要很高。面对有些顾客讨价还价，只作解释，绝不松口逐渐培养产品价值。

③要在细节上多动脑筋：有时一个人带着孩子去给她买衣服，就很难办，孩子小不能放在地上，放在地上她也缠着你，让你不能专心挑选：看样式；检查质量，有时就买了不满意的回去，后来也不敢随便买，所以可以在店里腾出一小块地放几种儿童的玩具，那些妈妈们在挑选童装时，可以把小家伙放在那里让他们自己玩玩具而不受打扰。这样细心为顾客考虑的一点可以吸引很多的回头客。

④由于手工编织的产品没有品牌，所以可自行设计品牌标识编织在产品上，形成品牌形象。

⑤要与供货商搞好关系，有了新款式他就会通知你，这样可以省了很多来回跑的时间与费用。

⑥要有亲和力，小孩子都是比较认生。我以前遇到几个这样的情况：大人想带孩子进去看衣服，小孩却害怕，死活不愿意进店里，结果生意只好泡汤了，这一点主要体现在店面装修与店里营业员的服务态度上，热情周到，但一定要动作轻柔，否则会吓着小孩子。

⑦用以上的经营小窍门争取稳定老顾客，增加新顾客，将儿童手工编织童装店办成周围的名牌店。

手工编织手艺，在平时来看，这种手艺根本就是平平常常，但放到童装店里，却成了区别于其他童装店的生财之道。其实市场是无限广阔的，不断有新的发明，也不断新增新的市场空白点，只要留心观察，另辟蹊径，总会找到一方属于自己的天地。

参考文献

1．陈企华，《成功打开女性和儿童的腰包》，中国纺织出版社，2002年11月；

2．詹姆斯·U·麦克尼尔、张红霞，《儿童市场营销》，华夏出版社，2003年9月；

3．我国童装行业的现状与发展趋势

http://www.childec.com.cn/exec/news/20064/News54/14212025.shtml

4．我国童装市场生产销售状况及消费趋势

http://www.childec.com.cn/exec/news/20064/News54/1610926.shtml

5．我国儿童医药保健品市场分析

http://www.childec.com.cn/exec/news/200512/News54/18144551.shtml

6．社区儿童乐园的投资与经营

http://www.childec.com.cn/exec/news/200512/News54/18175534.shtml

7．儿童家具市场潜力巨大

http://www.chinafbi.com/news/News_View.asp？NewsID=208

8．中国儿童图书市场潜力巨大

http://www.xiaohuangniu.cn/news/200742011922.htm

9．我国少儿图书出版业发展潜力巨大

http://www.ewen.cc/books/bkview.asp？bkid=124389&cid=366148

10．儿童旅游市场商机巨大潜力无穷

http://www.xugu.net/fedu/enter/880.asp

11．热点透析：解剖中国儿童化妆品市场

http://www.china-819.comDefault.asp

12．强生公司网络营销案例分析

http://info.beauty.hc360.com/2007/05/31171329168.shtml

13．我国儿童医药保健品市场分析

http://www.chinapharm.com.cn/html/scfx/10403420040714.html

14. 行业发展迅速我国儿童食品市场情况分析

http://www.sjzmbc.gov.cn/public/show.jsp？ id=20050715103611

15. 我国儿童玩具市场的种类及销售特点

http://www.showguide.cn

致读者

感谢您购买我社出版的图书，欢迎您对本图书提出意见和建议。

海天出版社是深圳经济特区最资深的一家出版社。海天出版社自1984年建社至今，已经历了20多年的发展历程。经过不懈的艰苦创业，海天出版社已拥有自己的“海天综合大厦”。所出版图书曾多次获国家级图书大奖，并以自身所独具的特色和风格，跻身于国内出版大社的行列，成为国内较有实力的出版实体。

为读者出版更多更好的图书，为社会奉献更多的精品，是我们的责任。真诚欢迎您向我社投稿，您的才华将通过我们得以展现，您的价值将通过我们得以提升。

我们的联系方式是：

廖　译：jlly359@yahoo.com.cn　　0755—83460341

陈　炯：cj@htph.com.cn　　0755—83460617

陈　丹：htcd1999@163.com　　0755—83460243

赵同敏：ztm@htph.com.cn　　0755—83460593

地　址：深圳市彩田南路海天大厦海天出版社703室特区读物编辑部

期待我们的合作！

深圳市海天出版社图书书目

丛书名	书名	价格/元
秘书系列	中国秘书大全（卷一）——秘书标准	58.00
	中国秘书大全（卷二）——秘书训练	60.00
	中国秘书大全（卷三）——秘书参考	60.00
	中国秘书大全（卷四）——秘书考证	49.80
	国家秘书考试指南（2004年）	58.00
	党政秘书成功快车道	22.00
	秘书沟通	25.00
秘书职业标准大全	高级秘书手册	43.00
	公司秘书手册	34.00
	商务秘书手册	28.00
	行政秘书手册	28.00
	秘书训练课程	18.00
	秘书自修手册	20.00
	秘书怎么办？	26.00
	秘书规范-国家秘书职业训练课程（8碟装DVD）	3,600.00
商务·企管系列	礼仪万事通	28.00
	商务万事通	29.00
	秘书万事通	36.00
	商业秘书课程	32.00
	劳资双赢	20.00
	项目管理速查手册-2IPM智尊项目管理丛书	29.00
	营销百战奇略——百战奇略系列	28.00
	经营的法律环境	42.00
	生产现场实用手册	25.00
OFFICE档案解密系列	循规蹈矩&办公室的生存定律	29.00
	真我风采&办公室的至尊礼仪	29.00
	上行下效&与上司的交往规则	29.00
	左右逢源&同事间的处事功略	29.00

一品主管系列丛书（漫画经管）	一品营销主管		20.00
	一品财务主管		20.00
	一品生产主管		22.00
	一品人力资源主管		20.00
彩票系列	智取500万：3D双色球投注绝招		17.00
	轻松500万：3D彩票中奖秘诀		20.00
	抓住500万：彩票中奖有绝招		15.00
	攻克500万：彩票中奖绝招之二		18.00
	实现500万：彩票中奖绝招之三		26.00
	巧夺500万：中国福利彩票中奖绝招		18.00
一品人生系列	手段：攻防兼备的88种职场攻略		19.00
	细节：影响人生的88种生活习惯		19.00
	修炼：决定命运的88种行为宝典		19.00
	能力：促进沟通的88种话语秘诀		19.00
传·帮·带系列	怎样帮助下属提升绩效		19.00
	怎样带好下属		19.00
	怎样将经验传给下属		19.00
	最新大学英语四六级考试词汇与经典试题		22.00
	最新大学英语四六级考试一点通		29.00
服务业实务图解手册系列	零售业规范服务图解手册		25.00
	餐饮业规范服务图解手册		25.00
	酒店业规范服务图解手册		25.00
	康乐业规范服务图解手册		25.00
	投资收益营销		30.00
舒博克顿丛书	SPC运作实务		28.00
	小企业创业实务		29.00
	提升小企业实务		29.00
世界500强企业管理工具系列丛书	世界500强企业标准化管理工具		69.00
	世界500强企业管理层管理工具		69.00
	世界500强企业表单化管理工具		69.00
	世界500强企业制度化管理工具		69.00
	世界500强企业普通员工化管理工具		69.00
	和衡管理		58.00
	赢在股市		88.00
从员工到主管必读手册	生产现场主管必读手册		20.00
	采购主管必读手册		20.00
	生产现场技工必读手册——从员工到主管必读手册		20.00
	采购员必读手册——从员工到主管必读手册		20.00

健康生活 一本通丛书	食物药用一本通	20.00
	百病食疗一本通	18.00
	运动保健一本通	15.00
	老年保健一本通	19.80
	家庭养花一本通	20.00
	中华圣贤经	10.00
	中华圣贤经·大字版	10.00
	中华圣贤经：珍藏版（宣纸·大开本）	98.00
中华圣贤经典丛书	启蒙（上、中、下），儒家（上、下）	60.00（5册）
	道家 兵家 医家（上、中、下）	60.00（5册）
奇幻米多街系列	米多街的逍遥时光	16.00
	一只猫的青葱岁月	14.80
	校园童话剧（2CD）	28.00
	中国制造	280.00
	深圳房地产年鉴	268.00
	深圳物业管理年鉴	200.00
	深圳政法年鉴	120.00
	企业年金基金会计制度研究	35.00
	富人为何喜欢住伦敦--行走西欧系列	26.00
活出最佳状态丛书	天天快乐的活法	29.00
	喜爱深圳的99个理由	38.00
	浪漫的1001种方法	36.00
	时尚的52个难题	36.00
完美女人系列丛书	女人怎样更性感	29.00
	女人怎样更风韵	29.00
	女人怎样更幸福	29.00
	女人怎样更温柔	29.00
	女人怎样更时尚	29.00
	女人怎样更漂亮	29.00
	女人怎样更优雅	33.00
	女人怎样更精致	29.00
	女人怎样更美丽	38.00
	女人一定要精彩	49.00
百分百女人 加油站系列	造梦女人	29.00
	女人识相	29.00
	女人私想	29.00
	玫瑰女人	29.00
	动感女人	29.00
	女人本色	29.00
	女人骄点	29.00
	性福女人	29.00

百分百女人调色板系列	穿对衣裳嫁对郎		29.00
	对面的男孩看过来		29.00
	喧嚣在午夜里的探戈		29.00
	高跟鞋敲出来的自信		29.00
	散落在森林里的狐步		29.00
百分百女人郁金香系列	颠覆心跳的地图		29.00
	霓裳羽衣的裂变		29.00
	馨香醉染的芳魂		29.00
知性生活系列丛书	异乡的天空		19.80
	流动的风景线		19.80
	收藏阳光的香味		19.80
	坠落在掌心的 泪		19.80
百分百男人烟灰缸系列	男得糊涂		25.00
	男色时代		25.00
	男人性趣		25.00
	男人风范		25.00
月亮撞地球系列	我拿什么奉献给你我的孩子——当代家长的无声咏叹		20.00
	我想有个好爸爸好妈妈——当代孩子的内心呐喊		20.00
	新课标小学生写作训练一本通		22.00
	我是学生，我容易吗 ——《高二（3）班的大情圣》系列		18.00
	谁说帅小子是笨蛋		15.00
	小学生多功能英语学习词典		29.00
	创新高中数学知识网络		25.00
	中国策划经典案例——崔秀芝专辑		39.80
青蛙变王子系列	魔法镜子大变身		15.00
	父母竖起大拇指		15.00
	班级人气大比拼		15.00
	社会交际斗秀场		15.00